21世纪建材传奇人物

鹏飞·飞鹏 王华业

于 雷 著

中国建材工业出版社

图书在版编目（CIP）数据

鹏飞·飞鹏　王华业/于雷著.—北京：中国建材工业出版社，2013.4
（21世纪建材传奇人物）
ISBN 978-7-5160-0426-5

Ⅰ.①飞… Ⅱ.①于… Ⅲ.①王华业-生平事迹 Ⅳ.①K826.16

中国版本图书馆CIP数据核字（2013）第079408号

鹏飞·飞鹏　王华业
于　雷　编著

出版发行：中国建材工业出版社
地　　址：北京市西城区车公庄大街6号
邮　　编：100044
经　　销：全国各地新华书店
印　　刷：北京雁林吉兆印刷有限公司
开　　本：710mm×1000mm　1/16
印　　张：10
字　　数：138千字
版　　次：2013年5月第1版
定　　价：38.00元

本社网址：www.jccbs.com.cn
本书如出现印装质量问题，由我社发行部负责调换。联系电话：(010) 88386906

目 录

王华业年表 / 1
楔子 / 2

上篇　王排长沉浮记 / 5
第一章　半农半读 / 7
第二章　子承父业 / 12
第三章　结缘机械 / 18
第四章　荣任排长 / 23
第五章　神来之笔 / 33

中篇　鹏飞万里长空 / 39
第六章　当家滋味 / 41
第七章　一步登天 / 47
第八章　师徒情谊 / 55
第九章　立窑之恋 / 61
第十章　对簿公堂 / 68
第十一章　旋窑之举 / 75

第十二章　域外扬名 / 84
第十三章　探索之旅 / 90
第十四章　三"不"四"道" / 98

下篇　飞鹏一飞冲天 / 105
第十五章　白衣苍狗 / 107
第十六章　魂牵梦绕 / 114
第十七章　中国创造 / 122
第十八章　创无止境 / 129
第十九章　烨烨生辉 / 132

附1　王华业荣誉简表（图片）/ 138
附2　王华业获得专利一览表（图片）/ 149
附3　王华业主要论文、著作目录 / 154

王华业年表

1944.4	出生于海安噇口区王院村（后改大公公社北凌大队，现大公镇王院村）
1952.9～1958.6	王院小学读书
1958.9～1961.6	大公初级中学读书
1961.6～1962.4	大公公社北凌大队务农
1962.4～1964	大公公社北凌大队豆腐店、粮食加工厂会计
1964～1967.7	海安县中等机电学校学生会副主席
1967.7～1968.7	海安县新生机电站机修工
1968.7～1970.2	海安县大公机电站电工班长
1970.2～1984.7	海安县大公农具厂（机械厂）副厂长
1984.7～1993.11	海安县建材设备厂厂长、支部书记
1993.11～2001.7	江苏鹏飞集团董事长、总经理
1995～1996	大公镇镇长助理
1997～2000	大公镇党委副书记
2001	大公镇书记协理员
2001.10	退休
2003.3～现在	江苏飞鹏重型设备有限公司董事长

楔　　子

　　面对中国象棋，无论是与朋友对弈，还是站在一旁观看人弈，人们眼前常常不由自主地浮现出古战场残酷景象：战车长驱直入，兵卒奋勇向前，炮火纷飞，人仰马翻，杀得天昏地暗，直逼将帅大帐之下，士（仕）象（相）左遮右挡，丢胳膊缺腿，将帅不能稳坐交椅，躲躲闪闪，直至被擒。

　　象棋是一种智力游戏。咱们大中华历史悠久，游戏文化也是有来头的。秦朝末年，天下大乱，群雄并起，杀到最后，楚霸王项羽和汉王刘邦一决雌雄。发明中国象棋者的灵感来自于项、刘之争是毫无疑问的，因为棋盘正中间就标有楚河、汉界字样。楚河，指乌江，项羽兵败自杀处；汉界，刘邦当汉王时划界而治。将帅亦有出处，《史记·淮阴侯列传》记载一个小故事。刘邦问韩信：像我这样的人能带多少兵？韩信回答：您最多能带十万。又问，你能带多少？韩信回答：臣多多而益善耳。刘邦不悦，韩信接着说：陛下不善将兵而善将将。刘邦转怒为喜。中国象棋的发明者设置红方为帅，黑方为将，因为刘邦夺得了天下，帅上将下，历来如此。游戏是对等的，公平的，规则上不分上下，帅将平等。但文字表达的差异，反映发明者的思想倾向。

　　秦始皇太有名了，第一个封建皇帝开创了一个新的社会制度，一直被后继者沿用，影响巨大而深远；二世而亡，惨痛的历史教训足够后人反复深省。与政治冠军相关联的刘项故事，国人耳熟能详。笔者记忆屏幕上永远抹不去的是两位赫赫有名的人物,都曾经得到过鄙贱的称呼:"竖子"!"竖子"的本意是"童仆",穷人的男孩到富人家做仆人,仆人没有坐的资格,总是站着听人使唤,于是就得了个专有名词"竖子"。项羽出身于贵族世家,怎的会是"竖子"呢?原来项羽和刘邦会于鸿门,被项羽称为"亚父"的参谋总长范增力主在宴席上杀死刘邦,项羽不听,范老儿气得跳脚大骂:"竖子不足与谋!"这里的"竖子",就是"混帐小子"之谓也。范增骂得是对的,争夺江山就是你死我活,哪能讲什么仁义道德?伟人毛泽东曾告诫全党全军:宜将剩勇追穷寇,不可沽名学霸王。

最有意思的是刘邦,他打败了项羽,当上了万岁爷,仍然有很多人不服气。《晋书·阮籍传》记载:阮尝登广武,观楚、汉战处,叹曰:时无英雄,使竖子成名!阮籍是文化名人,魏晋时期,门阀观念盛行,阮名人认为,刘邦不是贵族世家子弟,出大名还当上了皇帝,实在是历史的误会。

中国封建社会,历时二千余年,不断地上演你方唱罢我登场的活剧,王朝更替是一个周期律,长的三百年左右,短的只有二十多年,更替就是武器的批判,乱世出英雄。那些英雄,不都是显贵子弟。阮籍戴着阶级出生的有色眼镜,轻蔑地称刘邦为"竖子",其实,刘三家境还不错,大约是个小地主,本人还是个亭长,大小算个官。

其实,历史到了权力与财产再分配的时候,看主角的原来身份地位是没有意义的,昨天的陋室空堂,今天就可能是笏满床。新贵代替旧豪,周而复始。

伟人毛泽东雄视千古,满怀豪情地断言:数风流人物,还看今朝!

他所说的"风流人物",当时是指那些为埋葬旧制度而献身革命的志士仁人,是武器批判过程中涌现出来的抛头颅洒热血的英雄人物。笔者以为,他老人家的理想,不仅仅是推翻一个旧中国,更重要的是建设一个自立于世界民族之林的新中国。

从农耕文明到工业文明的转变是有着五千年文明史的中华民族根本性

的转变，推动这个转变的代表人物理所当然也是"风流人物"。

长江之尾，黄海之滨，有一块风水宝地——江海平原，"中国近代第一城"南通就是这块宝地上的明珠。改革开放的大潮席卷神州大地，得天独厚的地理优势使得南通成为国家第一批对外开放城市之一，从此，明珠的光芒向四方辐射，海安是南通市最北的一个县，地处通、盐、泰三市交界处，通扬、通榆运河贯穿全境，204、328国道，沿海、启扬高速公路，新长、宁启铁路并网交汇，江风海韵塑造了这里人民宽阔的胸怀、勤奋的品质、谦恭的性格。

天时、地利、人和，三者兼备，一场由传统的农业县转变为工业化、城镇化的历史性革命吹响了进军的号角。30年过去，人们欣喜地看到，当年只有一条主街道的县城，现在已被5条环城公路所拥抱，高楼林立，商铺鳞次栉比，新式的居民小区分布于100多平方公里各个角落，一座30万人口的城市已初具规模。广大农村，传统的以家庭为单位耕作方式正在改变，万亩良田在全县各地酝酿之中，集约化养殖业方兴未艾。古老的海陵大地旧貌换新颜！

弄潮儿在涛头立，手把红旗旗不湿。在海安工业化潮流中，涌现出一批土生土长的民营企业家：纺织业、丝绸工业、机械工业、建筑业等等，海安人会如数家珍一样叫出他们的名字，他们对家乡的贡献有目共睹。

本书的主人公王华业，就是此中的一位。

他在家乡的土地上创办了两个水泥机械设备有限公司，一名鹏飞、一名飞鹏。

他是双楼农业中学的毕业生，自学成才，最后成为国家有突出贡献的专家。

他获得发明专利、实用新型专利数十项，在新中国水泥机械发展史上占有一席之地。

让我们追随着他的足迹，领略他那丰富多彩的人生吧。

上篇　王排长沉浮记

古训：男怕入错行，女怕嫁错郎。

所谓行，就是一个男人终生所从事的职业。职业不当，必然一事无成。民间还有句俗语：龙生龙，凤生凤，老鼠的儿子会打洞。在社会相对安定、平稳，按照一种固定模式运转的时候，大抵是对的；当社会处于大变革时期，否定旧的秩序，创造新的秩序，那就不一定了，"老鼠的儿子"也会盖起高楼大厦来的。

第一章　半农半读

公元1944年4月27日，王华业在海安的一户农家诞生，他的第一声啼哭给家人多少带来点喜悦。

王氏在中国百家大姓中居第二位，据《海安三槐堂王氏宗谱》记载：海安三槐堂王氏肇基始祖普广公，行三，世居苏州阊门。时值元末，江淮遭兵患。明太祖朱元璋初定天下，深恶吴中豪族士子曾矢志于张士诚，旋迫胁江东黎庶迁居江淮拓荒垦殖。是时，普广公昆仲三人离同胞亲眷，弃吴中繁华，投江淮穷荒。长兄于如皋城南三十里栖止，次兄北投兴化落户，普广公遂择上官河畔胡家集南五里之钟家庄以家焉。

王华业家所在地叫王院，解放前属姜堰县卿云乡八保。解放后属海安县卿云乡张坝村，后属海安县大公乡王院村。

朱元璋建立明朝是公元1368年，距今600多年。以20年为一代人算，海安王氏一支失去城镇户口30多代，他们已是道道地地的土居农民了。

年方20的王文余虽然娶妻生子，其实还只是个大孩子，居家过日子不很懂，有事都听父亲。他对父亲说：爹，给孩子取个名字吧。爹点点头，沉思片刻说：就叫华一吧。我20岁生你，你20岁生华一，我俫王家人丁兴旺啊！说到这里，眉眼间露出喜悦之色。接着吩咐文余，给左邻右舍送红蛋，给媒人送谢礼，请媒人吃"喜三酒"等等。文余一切照办。

那是一个黑夜沉沉的年代，日本鬼子虽然已是秋后的蚂蚱，但县城还驻有一个中队，乡下要道口都有碉堡，日本鬼子和"汪伪军"不时到村里扰民。"喜三"之日，王家仅仅放一点鞭炮，全家人还有几个要紧的客人在家里吃了一顿饭，喝的是自己酿的米酒。

在抗日战争和解放战争时期，海安曾是国人瞩目的地方，皖南事变后，新四军转移到苏中、苏北抗日，苏中名绅曾任民国政府省长的韩国钧拥戴新四军提出的"停止内战，一致抗日"的政治主张，联合苏中、苏北各界人士，呼吁"化除党见，一致抗日"。终于建立了抗日统一战线，陈毅元帅由衷地赞美："海陵胜地多人杰"。

解放战争初期，汤恩伯、李默庵率部进攻苏中解放区，华中野战军在粟裕将军指挥下打响全国闻名的苏中战役，是役就是以海安为中心展开。1946年7月10日，华野司令部关于苏中战役第一仗的命令即由海安镇近郊的景家庄发出，9月，华野满载"七战七捷"的胜果奔赴两淮战场。

王华一是幸运的，年纪尚小，记忆的屏幕上没留一点战争血腥场面的印迹。当枪炮声消失，一切归于平静的时候，他已到上学读书的年龄了。

中国历朝历代的农民对于送子女上学读书，头脑里没有任何概念，他们的人生追求就是一家人的温饱。解放了，人民政府在家门口办起学堂，动员适龄儿童，还有超龄的少年甚至准青年都到学校去读书。1953年，王华一进入王院小学，老师将他名字中的"一"改为"业"，从此就成为他永久的人生符号。

1958年，王华业小学毕业。小学阶段是人生的童年时期，儿童刚刚接触社会，一切都感到新奇，他活动的圈子太小了，仅只从学校到家那段距离，眼前的风景就是青青的麦苗，金灿灿的菜花，挺着大肚皮的玉米，低垂着头的稻谷，一摇二摆的鸭和"咯咯"叫的鸡组成的混合队伍，蹦跳快捷满身花纹的青蛙和臃肿身材一身钉状皮肤丑陋无比的蛤蟆……自然造化无比神奇，创造出难以数计的生灵，这些就是农村的美。对于王华业来说，一切皆习以为常，一切皆无意欣赏，因为他稚嫩的肩膀上已开始压着生存的担子。弟弟妹妹好几个，父母忙了田头，又忙家务，异常辛苦，他是老大，能不分担一点吗？穷人的孩子早当家，在他的记忆里，童年不知玩耍是啥滋味，或许在学校时有那么一点点。

小学毕业考初中，考场设在西场镇，距家20多里路；更麻烦的是，他当时还在"打摆子"。顾不得许多了，他早上4点钟起床，喝了两碗粥，独自向西场走去。

难熬的一天终于熬过去了，所幸没有疟疾来犯，要不一会儿冷一儿会热，抖抖活活的，字也写不出，怎么考呢？

王华业从西场跑回家，整个人就象散了架子似的倒在床上，睡着了。父母和弟妹曾几次喊他起来吃夜饭，就是叫不醒，一觉睡到第二天8点多钟。

父亲看着他，没问考得怎么样，那时候的家长还没有望子成龙的念头，只觉得孩子小，做不了正经活计，识几个字总是好的。眼前的儿子，14岁了，个头不到1米5，又黑又瘦，活像个小老头，不由心生怜爱之情，叫他好好歇几天，这是身为父亲对儿子唯一能做到的关爱了。王华业自己呢，对前途也没有想什么，那时候小学升初中，录取率很低，全县就那么数得出来的几所中学。他恢复元气之后，就干起力所能及的农活来。能否再读书，全看天意了，那时候考试分数不公布，也不填什么志愿。

新学年开学前一个星期左右，王华业接到录取通知书，是乡邮递员送到他家的。他喜上眉梢，将通知书握在手里，左看右看，生怕飞了似的。他热爱学校，识了字就能读书，书上的世界很广阔，很精彩，不是他家以及家附近那点简单生活内容。识字以后又能写字，他看到什么，听到什么，想到什么，都能用文字符号表达出来，太美妙了。学了算术，能记账，加减乘除都会，在农村生活，足够了。他满怀希望去考试，只有一个想法，就是中学能让他更多地认识外边的世界，能教给他更多的本领。现在，这个愿望实现了，能不高兴吗？

一家之主王文余也是高兴的，村上不少人家子女没有考上，自家的考上了，虽然不是中了秀才举人，但多少也有点荣耀感。他对华业说：只要你能读书，我就是砸锅卖铁也要给你念。为了表示奖励，还给华业做了一套新衣服，开学时漂漂亮亮的。其实，这是算不得奖励的，农村多子女家庭，都是老大新，老二旧，缝缝补补老三穿。

难忘的1958！

三面红旗（总路线、大跃进、人民公社）借着强劲的浮夸风呼啦啦地飘扬。

国人群情昂奋，描绘着即将到来的天堂：耕地不用牛，点灯不用油，走路不小心，苹果碰了头。

标志性语言：10年超英，15年超美。亩产万斤粮，胡萝卜做桥桩，花生壳子渡长江。

共产主义近在眼前。海安镇人说得更形象，共产主义已经到了立发桥。

具体落实是：十不要钱。

"台风"刮了几个月便消失了，公共食堂先吃饭，后喝粥，再喝汤，没汤喝时就散场。十不要钱很快就恢复到什么都要钱了。

"台风"带来的损失，就是连续三年的困难时期，正是王华业初中阶段的全部时间。

大公初中是借着大跃进的东风创办起来的，王院距学校4里多路，走读是必然的，对于农村孩子来说，这点路不在话下，最难应付的是肚子。早上在家里吃两碗黄菜粥，所谓黄菜，就是胡萝卜缨子晒干，它是主要内容，放进少许玉米面，加上水煮，就是粥了，看上去厚墩墩的，用筷子将黄菜挑起，差不多就是水了。到了中午，早已饥肠辘辘。午饭本该是一番享受，因为政府对农村户口的中学生特别关照，每人每天补贴半斤大米。王华业一口也不敢吃，他全部带回家，晚上将米饭倒进一大锅黄菜粥里，举家改善一下。

初中的课程多了，不是小学简单的算术、语文两门主课，数学分代数、几何；理科有物理、化学；文科类，除语文，还有历史、地理。父亲对学校的事一概不知，他的头脑里想的是一家人怎么活下去，分配华业的任务是每天必须打3只草包，每只草包能卖8分钱，一只也不能少。华业知道家庭的艰难困苦，每天天不亮就起床，待到3只草包打好赶到学校时，第一节课去掉一半了。第一节课是语文，语文黄老师很严格，不准迟到早退，迟到只能在教室外听。华业一点不怨恨老师，学校有学校的规矩，不能像集市，来去自由。

贫穷和饥饿折磨人，考验人，学校不时有人退学不读了。王华业为什么能坚持下来呢？他对代数、几何、三角特别感兴趣，方程式的计算，几何图形的求证等等，一旦做起作业，什么都忘了。物理、化学对他也有吸引力，觉得物质世界千变万化，奇妙无穷。研究人才的专家认为人类中的少数精英是有天赋的，天赋加勤奋就是成功人士的秘诀；教育专家认为，兴趣是最好的老师，少年儿童对什么感兴趣，成人后往往在那方面就有不凡的业绩；星相家认为人的一生吃什么饭？有没有作为？都是命运决定的，命中该你 5 升，你就别起五更，起五更弄到 1 斗，还要泼掉 5 升。各说各的理，人生的秘密多得很，探求是没有穷尽的。

1961 年 6 月，王华业的初中阶段结束了，准备参加升高中考试，考场设在海安县中学。

开考那天，他依然 4 点钟起床，王院距县城 20 多里，依然徒步向目标地进发。

17 岁，准青年人，个子长高了一点。他胸有成竹，精神抖擞。这次升学是填志愿表的，他的第一志愿就是海安县中学，县中，每个初中生都向往的地方，竞争是剧烈的，他相信自己的实力，可以一搏。

第一门考的是语文。他感觉不错，知识题都答了，作文没有走题。

交卷后，他被监考老师叫到考务室，监考老师向他宣布：体检不合格，患肺结核病，下面的考试不必参加了。

晴天霹雳！

在回家的路上，王华业满脑子里翻滚的尽是 3 年来的日日夜夜，再苦再累，他不在乎，有学习的快乐就够了，有希望就有动力。现在，以这样的方式结束人生的学习时代，太残忍了！他无法接受。

第二章　子承父业

　　命运之说，常常被某些人指责为唯心世界观，其实并不尽然。个体的成败往往受各种条件的制约，条件不具备，主观怎么努力抗争都无济于事。咱们老祖宗曾留下遗训：识时务者为俊杰，大丈夫待时而动。

　　离离原上草，一岁一枯荣。

　　野火烧不尽，春风吹又生。

　　王华业感兴趣的课是数、理、化，在回家的几天里，却反复吟诵学过的古人诗句，不是诗兴大发，而是内心在挣扎。

　　17岁，懂得想心思了。农村孩子的理想就是跳出农门。途径有两条：其一是读书，考取大学转户口，将来拿工资；其二是当兵，表现好可以提干，转业也可以安排工作。可恨可恶的病将两条路都堵死了。初中毕业，很尴尬，高处攀不成，沉在低处跟没读过书的人在土地里刨食，心有不甘。诗言志，说的是创作诗的人。那么，爱诗诵诗的人呢，也是一种共鸣和发泄呀！王华业觉得自己就是一株野草，任凭风吹雨打，夜露日晒，命运就是这样安排的，只能听天由命了。

　　第一次参加生产队集体劳动，表明他已正式步入社会。生产队长安排他拾棉花，此后，仍然是拾棉花、拣棉花之类轻的农活。干了不到1个月，一天，他对父亲说：爸，我跟你学耕田。王文余愣住了，疑惑地问：你行吗？王华业斩钉截铁地说：行！你行，我为什么不行？

　　其实，他放弃那些较轻的农活是有原因的。轻农活挣的工分少，整天跟妇女儿童混在一起，没劲！直接原因是受到的强烈刺激。那天早上，因为家里有事，他迟到了，被队长狠狠骂了一通：年纪轻轻的，细老相，屌儿郎当的，能做什么？太伤自尊了！他无法接受。父亲是全生产队干农活的老把式，样样重活计都在行，决定拜父为师，学会耕田单独干活，不受人管了。

王文余熟知儿子的性格，倔强任性，认准的事是一定要做的。耕田不是什么复杂的技术活，看看就会。父亲耕，他看。父亲指点关键的三步曲：驾，就是将连接牛与犁的装置，驾在牛脖子上，要驾得正，松紧适宜；扶，就是一只手扶住犁把，既要用力，又要灵活；走，就是牛走人走，要相互协调。王华业一一记下了。

世上之事，说的容易做的难；看人做容易，自己做难。王华业耕田，吃大苦了。父亲耕，悠悠然；自己耕，很别扭，犁把像有千斤重似的，下死劲也把不稳，左右摇摆；那头大水牛，故意跟他作对，吆喝牠，用鞭子抽牠屁股，牠回头轻蔑地看看，就是不向前走，冷不防突然又猛跑几步。有次耕水田，他一不留神，摔倒了，一身水和泥。他胳膊红肿了，一天耕下来，两条腿像灌了铅似的沉重。

他是喜欢动脑筋的人，晚上睡在床上琢磨原因，初耕不熟练，当然是对的。那么，怎样才能熟练呢？为什么自己耕了几天仍然进步不大？想起父亲的指点，人与牛走步要协调，怎样才能协调呢？四条腿的牛和两条腿的人不一样啊！想到自己要求耕田，是受了队长的刺激，自己对待牛，也是用鞭子在刺激啊！牛是农民劳动的合作伙伴，最有灵性，刺激牠，牠就会反抗，温柔牠，牠就会跟你合作。问题的根本找到了，他决定对牛进行感情投资。

每次耕田前，他提前10多分钟去牛棚，给牛添几把草，然后用刷子对牛全身梳理，待到牵牛上班时，还在牛屁股上拍两巴掌，对牛说：老伙伴，出发吧！在去田头的路上，以前是他在前，紧紧拽着缰绳，将牛鼻子拉得老长。现在是放松缰绳，跟牛并排走，步调一致。耕田过程中，他还取下架,让牛休息一会,这时候,牛在田埂上悠闲地吃草,他坐在田埂上望着蓝天白云。

王华业终于学会耕田了,有没有感情投资的因素?不得而知。

1962年春,北凌大队五队、八队合作办了豆腐店、粉坊,豆腐店地点在五队,就是王家院,对王华业来说,这是他人生向高处迈出的第一步,因为他被任命为豆腐店会计。

会计不是官,但说明一点,知识能转化为物质,他跟普通干力气活的农民不同了。解放初期,高小毕业的城里姑娘邢燕子自愿到农村安家落户,成为全国青年的学习榜样。毛泽东主席批示:广阔天地,大有作为。王华业在心里想,我是初中毕业,在全大队学历算是高的了,天生我才必有用。

小豆腐店账目不复杂,会计的工作对他来说是小菜一碟。有闲时间,他就跟工人一起干活,淘豆子,磨浆等样样都干。他还留心向王华付师傅学习,小时候常听老人们说:荒年饿不死手艺人。

现在,他对家庭的贡献超过父亲了。会计有固定工分拿,因为他与工人们同样干活,所以又得同样的工分。还有一职,就是大队通信员。那时候,农村没有电话,也没有广播,公社、大队、生产队之间的联系都靠人传递。王华业因为有文化,还有一辆旧自行车,适合当通信员,通信员也有工分补贴。

18岁算是成年人了,刚成年就是家庭经济收入的主要创造者,他感到得意和自豪。

"九九那个艳阳天呀,哎嗨唷,18岁的哥哥呀坐在河边"。电影《柳堡的故事》家喻户晓。

王华业坐在家乡的小河边,他也在想他的"二妹子"——贲友兰。

贲友兰家住贲家集,距王院5里路左右。

解放后,人民政府颁布新的《婚姻法》,废除了旧式"父母之命、媒妁之言"婚姻。但是在广大农村,大多数青年男女被束缚在家乡那片很小的天地里，缺乏接触交际的机会，基本上还是媒人说合，父母主要是父亲说了算。贲友兰的大姑嫁在王院，大姑在回娘家时对友兰的父亲说：舅舅，我想替友兰说亲，就是王文余家老大，文余是诚实庄稼人，邻居口碑好。他家老大，比友兰大一岁，在学校读书，书读得好，常常得奖状；在家很勤快，很懂事。友兰父亲生有二女，农村习惯做法是将大女嫁出去，二女招个女婿在家延续香火，养老送终。事情进展出奇的顺利，男女双方家长都没意见。然后报出生辰八字，请算命先生算是否有缘契合。那位算命先生双目紧闭，伸出指头，口中念念有词，什么子丑寅卯，金木水火土之类。好大一会，睁开眼道：恭喜！大吉大利！日后夫荣妻贵，儿孙满堂。磨难还是有的，得贵人相助，总能化凶为吉。算命先生得了喜钱，高高兴兴走了；王贲二位家长十分满意，高高兴兴交换了帖子，亲事就这样定了。

定亲的时候，友兰15岁，华业16岁。未到婚嫁年龄定亲的，农村习惯上叫娃娃亲，娃娃亲年龄可大可小，最小的生下来就定也是有的。

王华业坐在小河边，愁眉苦脸，心事重重。他的"二妹子"是两个指头抓田螺——稳取。有何愁的呢？

他对友兰是有好感的。农村习俗，定了亲的男女也不能私下交往，他（她）们每年有一次见面的机会，就是年底华业上门送礼。

见面也是不能说话的，但是，管得了嘴却管不住眼睛，他对她迅速地扫描：中等身材，白净面皮，端正的鸭蛋脸上嵌着一双清纯娇羞的眼睛，一刹那间，他能从她明亮的双眸中读出信任和期待的感情。一见钟情，就是有眼缘，有缘千里来相会，他（她）们又是家乡人，或许这是冥冥之中的天意吧。

王华业关于亲事问题的纠结，起源于初中毕业的体检。肺结核，农村人叫痨病，能吃不能做，实际上是个废人。

小河的水清冽冽，微风拂过，荡起一阵涟漪。他咬咬牙，做出决断：退亲！拖下去，耽误人家的青春不道德。

亲事是父辈们定的,他不能贸然行动,向父亲禀告自己的心曲和处理意见。

王文余对长子一向满意,几乎挑不出半点毛病,无论读书还是干活,没给他带来一点麻烦。但是,悔亲在农村是天大的事,必须慎之又慎。他同意儿子的意见,糊里糊涂将人家娶进门,要欠人家一辈子的债,良心何在?!

父子意见一致,接下来是谁出面解决?父亲不说话。华业知道父亲的为人,从不做对不起人的事,现在主动悔亲,怎么开口?他对父亲说:我去讲,反正丑女婿总要见丈人面。父亲摇摇头说:不行,你去人家会怀疑另有隐情。

父子俩商量,决定请大姑。媒人是有好处的,光吃,从头到尾能吃18桌半,还有礼物收。媒人也是要尽义务的,男女双方家有什么信息要传递,有什么矛盾要化解,都是媒人的本份工作。民间有言:做媒人要跑断腿,说破嘴。

父子二人商量停当,气氛是平和的,理性的,内心都非常痛苦。王文余很可怜儿子,他说:要不暂时不找大姑,你到医院再查一查,好了呢,什么话不谈;不好找大姑也不迟。华业摇摇头说:这种病一年半载好不了的。

他嘴上这么说,心里还是同意父亲建议,人在万般无奈的情况下,都有侥幸心理,人间常常有奇迹发生,那万分之一的奇迹说不定会落到自己身上呢。

王华业一个人悄悄地到区医院做了胸透,结果出来了,说是肺结核已经钙化,也就是说:没事了!他不敢相信这是真的,又到县医院再做一次,结论相同。他还是将信将疑,向医生讨教,说自己什么时候查出病,这期间并没有治疗,怎么会好了呢?医生解释说:年轻人身体活力强,注意休息,营养充足,可以不治而愈。

他相信了,在豆腐店工作,近水楼台先得月,豆浆是有得喝的,居然将病喝没了。

山重水复疑无路，柳暗花明又一村。

到了年底，又该给丈人家送年礼了，他穿着一身新衣服，来到贡家集，年礼较往年丰厚一些，丈人也很客气。也许是有意安排，饭后，丈人丈母和小妹都到邻居家串门去了，屋里只剩下友兰和华业。

17岁的姑娘，成熟了。友兰体态丰腴，面若桃花。华业鼓足勇气对她说：你好吗？友兰满脸绯红，点点头，回问一句：你好吗？华业连连说：我好，我好，我很好。此后就是四目相对，再无言语了。

爱情这玩意儿太神奇太令人迷茫了。多少卿卿我我、海誓山盟的一对半途分手，而那些平平淡淡、波澜不惊的伴侣却能厮守终生，其中道理谁能说得清、道得明呢？

在回家的路上，寒风刺骨。王华业骑在他的"宝马"上如沐春风，如饮甘露，潇洒地穿梭在乡间的小道上。

第三章 结缘机械

1962年,北凌大队购买一台2140柴油机,用于农田灌溉和拖米车粮食加工,王华业被大队领导看上了,任命他为粮食加工厂会计。

豆腐店是5队和8队联办的,级别属于小队办企业,粮食加工厂属大队办企业,半年时间不到,他就升了一级。

王华业不稀罕一个台阶一个台阶地往上爬。他是干实事的主,为了生存,农村的活几乎都干过。如果他停留在这个层面上,那么他与亿万旧式的农民没有两样。他后来的辉煌,追根溯源,就在那台柴油机上。

这机器的力气有多大?30匹马力!并不起眼的像铁箱一般的东西相当于30匹马的力量带动一台碾米机,亲眼看到稻子装进去,米出来,他震撼了,激动的心情难以言表。

是的,他多次参加过稻谷变成米的劳作,被叫着碓的工具,前面一个人不停地在舀里搅拌,后面一个人不停地脚踩,碓头像鸡吃食似的上下啄动,稻脱掉了外壳,变成米。

他也多次参加过麦和玉米变成麵的劳作,被叫着磨的工具,是用石头雕琢成齿的圆盘,也是靠人力或牛力转动石盘,麦和玉米通过小孔不停地装进去,两片圆盘不停地摩擦,麵才慢吞吞地吐出来。

他想到,农村人为什么苦呢?就是做得苦!为什么穷呢?就是生产力低!工分不如工资,农民不如工人,道理就是这样简单。

他花了不到一年的时间,就学会使用柴油机的技术。

身处基层的王华业并不知道全县农业发展的形势。刚刚熬过3年困难时期，县委、县政府领导就规划了全县农业机械化的蓝图。在农机制造方面，县农机制造厂为龙头，条件具备的社镇选择一些项目上马。考虑到广大农村机电人才十分缺乏，1964年，张智英县长拍板，决定在双楼农中开办机电班，学制三年，社来社去。

双楼农中是全国第一所县办中等技术学校，创办于1958年，时任中宣部长的陆定一同志亲自题写校名。

看到招生简章，王华业心里乐开了花，他做梦都没有想到，自己还有机会上学读书。立即到公社开了介绍信，直奔双楼报了名。

当快乐的心情平复下来的时候，他才意识到高兴得太早了。每个公社都有名额限制，录取是报名人数的1/2，考试最终决定。

初中毕业3年了，一直为生计而忙碌，公式、定理之类记不清，拿什么去考呢？没办法，只好临时抱佛脚，将初中课本找出来突击复习。

走进考场，他放眼一看，大部分人是小龄生，心中咯噔一下：他们刚出校门，自己怎么考得过他们呢？

走出考场，在回家的路上，他心情十分宁静：主观努力了就不后悔。

他很幸运，录取了。

县办职业中学不转户口，毕业后也不拿国家统一标准工资，但王华业特别看重，因为他梦寐以求的事业是机电，专业对口。

又是一个3年：全新的学习生活。

双楼农中机电班的教学方法是理论与实践相结合，学习书本知识和实习的时间五、五开，具体安排是先学书本知识，然后到有关机电站实习，实习以后进行总结，发现问题再从理论上加以提高，师生互动，半工半学。这种教学对王华业来说是如鱼得水，因为他上学前就学会了开柴油机，接触到机电。系统学习理论以后，不但知其然，而且知其所以然，这是一个机电专业人才必备的素质。

他是学校的知名学员，学生会副主席，三好生。最为露脸的是一次他参加的抗洪排涝壮举。

海安的白甸、瓦甸、墩头、仇湖、沙岗等乡镇属里下河地区，地势的特点河床高，农田低，丰水季节，河面常常与地面持平甚至超过，全靠高高的圩堤将水管制在河道之内。每年汛期，县委、县政府主要负责人在该地区不停巡视，组织干部和民兵严防死守大堤，同时将农田中的积水及时排到河中。1966年夏，连降大雨，里下河地区吃紧，县抗洪排涝指挥部命令双楼农中机电班师生立即奔赴第一线。

王华业被分配在白甸，海安最北的公社，与盐城东台县紧邻。因为人手不够，他一个人管理两条机船，一天一夜，吃住都在船上，不讲任何条件。

当时，江苏广播电台一位记者正好在海安，得知信息，立即赶到白甸对他进行采访，很快，他的事迹通过电波传遍全省各地。

他出名了，学校领导高兴，决定发展他为党员。政审要查三代，这一查，出问题了，他的祖父曾经当过甲长。甲长是多大的官呢？甲乙丙丁，按照次序排，应该最大，实际上呢，最小！相当于现在的村民小组长。

在当时的政治气候下，王华业的入党问题也就无疾而终。

突然到来的荣誉又突然消失了。

他在排涝时，什么也没有想，农民的儿子，看到庄稼被水淹没了，心急火燎，争分夺秒排水是本能的行为。无所求也就无所谓得和失，只是对政治这玩意儿有一种捉摸不定的感觉。

紧接着，突然掀起的"造反"运动使他陷入更加迷茫的境地。

造谁反呢？从实际情况看，就是各单位的当权派，学校就是校长了。双楼农中的校长程士清，算是倒霉透顶了。他本是南通县教育局的副局长，1964年，南通地区在双楼搞社教试点，负责人是大名鼎鼎的南京大学校长匡亚明，程士清相当于匡校长的秘书。社教结束后，匡校长对程士清很赏识，推荐他留在海安当双楼农中校长。"文革"开始，匡亚明被《人民日报》点名揪出来，程士清很自然地被打倒了。

王华业对程校长印象很好：温文尔雅，关心学生，尊重教师，与学校所在地的干部群众关系也很融洽。造这样一位好校长的反感情上通不过，于是，他就成了"保皇派"。

当一种政治瘟疫漫延开来成为整个社会统治力量的时候，正常的人也会受到感染，但仍然有少数人能坚守人性中一些美好的东西，王华业对"造反派"玩弄的小技巧或许能说明这一点。

那一天，程校长和夫人被造反派拉出去游街，双楼农中地处农村，没有街，离学校最近的街是曲塘镇，有近10里路。于是，造反派将程校长夫妇捆住双手，用绳牵着，走到曲塘，在镇上转了一圈，又走到学校。一路走，一路呼口号：打倒匡亚明黑线干将程士清！敌人不投降，就叫他灭亡！

当天晚上8点多钟，王华业经过程校长宿舍，听到室内有嘤嘤哭声，从窗户的缝隙间望去，他们夫妇二人抱头哀鸣，泪流满面。他心里一沉：要出事！他刚刚听人说海中校长自杀，程校长会不会也走上不归路？

他立即找到造反派头头，汇报自己新发现：光天化日之下，走资派不敢乱说乱动，夜间没人监视不行，我们要密切注视阶级斗争新动向。造反派头头觉得言之有理，马上行动，从此，程校长宿舍晚上不关门，门口有两个人监视。

同样的小技巧后来又用了一次。

1970年夏天，王华业与一位姓钱的同事在红旗车口抽水灌溉农田，他白天当电气修理工，晚上在车口值班。一次，姓钱的拿着一张《人民日报》，不留心被风吹走飘到河里，那张报上印有大幅毛主席像，姓钱的随口说：让毛主席老人家看守水花生。有位职工听到后，立即向造反派头头回报，姓钱的当场被打成反革命，进行批斗。批斗结束，姓钱的准备用触电方法自尽。王华业见了，大声喊道：钱XX不认罪，以死对抗！造反组织头头闻声赶来，严加看管，最后也就不了了之。

佛家说：救人一命，胜造七级浮屠。王华业或许受此影响。

三年的机电学习生活结束了，虽然因为"运动"草草收场，不够圆满。但他学到了本领，拿到了文凭，具备了专业人才的资格，在人生的道路上迈出了关键的一步。

1967年,"文革"的风头仍然强劲,工厂、机关、学校,几乎陷于停顿状态。农村是不能停顿的,农民最现实,不种田谁给他们饭吃?

机电人才成为农村的香饽饽。上半年,经县农机公司安排,王华业到新生机电站工作,上机船打水,帮助全公社装电灯、接电线等。下半年,被东台县新街公社方塘大队粮食加工厂请去掌管柴油机。

他从此结束挣工分过日子的生涯,拿工资了。社镇企业工资不高,最低18元/月,外加出勤补贴1.62元/月。刚出校门,只能按照最低标准付给。到东台新街方塘工作,人家视他为师傅,报酬36元/月,到外出差,每天补贴1.2元。

年底,王华业骑着"宝马"离开方塘回家,一路上,手不时地触摸口袋,里面装着130多元,他要用这笔巨款办一件人生大事。

男大当婚,女大当嫁。这一年,他25岁,贲友兰24岁,属于大龄青年,在农村,这么大岁数没有完婚很少见,左邻右舍常常问王文余:你们家华业怎么还不娶亲?回答是:他还在读书呢。不可示人的苦衷却是:没钱!

现在有钱了。

有钱好办事。海安风俗,男女婚姻的过程有六道程序:纳采(求婚)、问名(询生辰八字)、纳吉(卜吉祥)、纳镇(行聘礼)、请期(择吉日)、迎亲(完婚)。前三道程序,王、贲两家早就完成,后三道程序,做起来也不难,一切都是水到渠成。

王家大小人等有八口,只有四间草房,拿出一间做婚房,婚房中一张老式床,还有一张梳妆台,贲友兰娘家陪嫁的,其他别无长物。大红囍字贴起来,全新的被褥,显示喜庆气象。

那年头,物质普遍匮乏,大家都穷,没有人计较什么,王华业从方塘挣来的一百多块钱,方方面面开销基本上够用了。

洞房花烛夜,金榜题名时。人生的两大乐事,他都有了。虽然他没有"金榜题名",跳出农门,但立业成家做到了。以后的路长着呢,她来到了新的家,他会给予她一个满意的交代。

第四章 荣任排长

上个世纪70年代,大公镇人几乎将王华业的名字淡忘了,取代他的称呼是"王排长"。他在部队一天没待过,何来的排长?

原来60年代末,全国按照伟大领袖的指示,全民皆兵,大办民兵师。角斜公社红旗民兵团是全国民兵的一面旗帜,全县民兵工作当然不能落后。1970年,大公公社将农具厂、机电站、交管站三个单位合并,叫大公机电厂,副社长吴其和宣布10人领导班子,其中四人任主任和副主任;六人任委员,行政称呼叫排长,王华业就是机械排排长。

咱们中国传统文化之一,对人直呼其名就是不尊重不礼貌行为,官贵民轻又是全民共同的意识,因此,凡是现任官或历史上曾任官的人,称呼就是姓后面加上官名。排长是不入流的官,但它是王华业头上戴的唯一一顶官帽,入党,做官,成就事业的基点。

王排长的出名是因为他年轻,做人行事总是与众不同,令人刮目相看,议论纷纷。

三家合并的机电厂纯粹是拉郎配,一年后,由于三家原负责人之间相互扯皮,工作无法协调,公社领导决定,恢复原状。

大公农具厂基础薄弱,形势发展的需要,改农具生产为农机生产,真是难为于厂长了。他一筹莫展,就想到附近厂家取经,那家厂已经生产320剥壳机、碾米机、机用台虎钳等。一天,于厂长带领王华业等五人满怀希望地踏进那家厂门,不料该厂厂长只派一个人带着他们在厂区转转,到中午连留饭的客气话都不说一句，等于将他们赶出厂门。王华业心里很生气，怎能这么待人?! 后来想一想：不怨人家，落后就会被人瞧不起。

1971年，全年没发什么工资，于厂长觉得无法向职工交代，通过关系到黑龙江五常县林场买一批边皮板木材，回来卖赚了一笔钱才救了急。

1972年，于厂长通过关系到东台县富东农具厂弄到8寸水泵的图纸，交给王华业，要他将水泵生产出来。当时厂里没有生产设备，特别是水泵的壳体，进出水45°、90°的弯头要加工，泵头叶轮要精工。买一台车床，没钱。王华业听说古贲农具厂自己武装一台土车床，就带几个人去参观学习，回来后也造出一台土车床，这台土车床发挥了相当大的作用。

在生产水泵过程中，王华业觉得原图纸6片叶子不够完善，就改成5片叶子，在试用过程中，出水量比别的厂家生产的大，市场行情看好。古贲农具厂知道后，向于厂长借去木模，生产出8寸水泵并立即向县农机公司申报为定点产品。大公农具厂失去机会，只生产6台便告终。

不生产水泵，又研制棉花制钵器和开沟犁，这两种产品用量少，季节性强，没卖出多少台。企业造成严重亏损，10个月没发工资，到年底只得向银行贷款5000元解燃眉之急。

工厂没有当家产品，日子过不下去，于厂长急得像热锅上的蚂蚁。万般无奈，他亲自出马，带个人到淮南，想购一批煤炭和焦碳，转手倒卖可以赚一笔钱。在淮南，偶然间得到一个信息，一家机械厂有圆盘印刷机图纸和木模要转让，开价2000元。回厂后，立即召开领导班子会议，议题就是生产圆盘印刷机问题。没有产品，厂长急，大家都急，意见一致：买！派谁去洽谈呢？意见一致：王华业！他懂机械。

王华业和同事林先付前往淮南水家湖八公山，跟那家机械厂副厂长会面。副厂长说：上次你们于厂长来过，转让价2000元，钱有没有带来？王华业说：厂里派我们来，检查图纸、木模是不是全，认可以后才能付款。副厂长说：行。经过检查，基本符合要求，双方协商：林先付留在机械厂当人质，王华业带木模先回去。

那时候，交通秩序相当混乱，火车没有挡风玻璃，车门不关就开是常事。王华业挑着一担木模，他个头矮，前后装木模的麻袋与他头一般高，从八公山到火车站的路较远，赶到时，火车快开了，一只麻袋搁在站台上，人站在火车的门槛上，幸亏一位好心的民警推了一把，才艰难地上了车。车到南京站，乘汽车到海安县城，又将木模挑到大公。本以为于厂长见了会表扬一番，谁知厂长大人板着脸说：谁叫你将木模弄回来的？如果印刷机印了反革命传单，谁负责？说完，拔腿就走。王华业十分气愤：真是好心没好报，烧香惹鬼叫。

人在矮檐下，不得不低头。后来，还是林先付又去淮南，将木模还给人家。因为王华业说了一大堆好话，再三相求。

于王之间的摩擦不断，厂长大人一怒之下，撤了王排长的职。社直企业的一把手往往是大队支部书记调上来的，从干部任用看，属于平调。排长呢，不属于什么职级，相当于生产大组长。王华业不在乎干部不干部，有活干就行。其实，公社领导的心目中是有他位置的，我们从一项"首长项目"实施过程可以看出。

所谓"首长项目"，就是公社书记拍板敲定的。这位书记名叫姚仁元，他一心想发展壮大大公的工业，听说农具厂要自我武装3m龙门刨，就对于厂长说：不要小脚奶奶走路，要搞就搞4m的，并且当场点将王华业，还将图纸交到王手中。

4m龙门刨光工作台就4吨多重，当时农具厂根本没有能力浇铸这么大的铸件。王华业也是嫌小不怕大的主，浑身来劲。从海安"七·一"机械厂、东台富东机械厂各借一台三级冲天炉，借得的鼓风机是坏的，他一天一夜没休息将鼓风机修好，又连续干了两天两夜，终于将4m龙门刨工作台浇铸成功。

姚书记交给王华业的图纸只有工作台，其他部件包括横梁、立柱铸件、工作台轨道铸件、减速箱、传动装置等图纸都要自行绘制。最为艰难的是部件加工，县内不具备条件，王华业等人先后到南通新生布厂、南通化工机械厂、平潮化工机械厂等厂家请求支援。从1971年到1973年春，总算将各部件准备就绪。

接下来就是安装。本厂没钱，也没有吊车，王华业用木头搭架子，手拉葫芦进行起吊；没有仪器，就用方框水平仪放在工作台上，两头用葫芦拉进行动态校正；没楔铁，用斜铁进行调整。这些土办法立即召来议论：这样安装能够达到精度要求吗？失败了造成1万多元损失谁负责？于厂长坐不住了，向姚书记汇报。姚书记立即打电话将王华业叫到公社，问：龙门刨安装，你有没有把握？王华业回答：我会尽力去做，向您打包票，我不敢！

于厂长害怕承担责任，将原来参与安装的技术人员全部调走，留下一个不识字的工人当王华业的助手。王华业深知"首长项目"责任重大，关系到农具厂生死存亡，决心奋力一搏。

于厂长觉得王华业年轻气盛，没魂大胆，胜算不大，不能跟这小子斗气。再次到公社对姚书记说：我们到外地请专家来安装保险。姚书记说：好水淌不到60亩，自家能做就不依靠人家。

姚书记是有魄力的，他常说：不冒风险，四平八稳，成不了大事。想到此项目是他拍板是他指挥的，决战时刻必须到场。他到安装现场考察，看到王华业赤着上身只穿一条短裤挥汗如雨地干，点点头，对王华业说：好好干，确保精度。是鼓励，也是指示。

1974年9月16日下午，农具厂值得纪念的日子，安装完毕的龙门刨进行试车，电源接通，机器运转，前后往复运动中，无振动，无噪音。

下班前，王华业请于厂长验收，叫于厂长站在工作台上。于厂长吓了一跳，唬着脸说：你想害我吗？王华业认真地说：怎么是害你？不站在龙门刨工作台上怎么知道有没有振动？

于厂长高兴了，立即与王华业缓和了关系，厂里出钱，奖励王华业一件棉大衣，的确凉面子，灰色洋布里子，新棉花胎子，当时是一笔丰厚的物质刺激啊！

小镇人常常议论农具厂人际关系紧张，其实是皮毛之见。在计划经济的时代里，社办企业的生态环境是极差的，不能纳入国家计划，原料和产品销路都得自己跑，生存危机始终存在着，逼得大家必须为活着而奋斗。大公农具厂从生产传统的钉耙、锄头、镰刀等农具到生产农业机械，再到生产工业机械，没有全厂职工的共同努力能够一步步进步吗？其中的灵魂人物于厂长和技术骨干王华业应该说功不可没。至于说于厂长与王华业之间的矛盾，他们没有个人恩怨，都是工作中产生的。外行领导内行、一把手与二把手怎么分工？怎么协调？老生常谈，谁都不能说出个所以然；或者理论上说得头头是道，实践上却往往做得不如人意。

王华业与同事们特别是技术人员之间的矛盾是客观存在着，当然也属于工作中的矛盾。工作中的矛盾处理不当，就会伤感情。举个例子，在龙门刨安装的最后阶段，有位技术人员安装的横梁始终不能上下，想尽办法都无济于事，急得无路可走。王华业对他说：搞机械是硬碰硬，光会拍马屁不行。那位老兄气得脸红脖子粗，无言以对。王华业又说：你拿出30块钱，请我们吃一顿，我替你搞定。那位技术人员当场兑现。晚饭后，王华业带着徒弟，略施小计，横梁上下滑动自如。

对于此事，王华业一直很得意。他不知道，树要皮，人要脸。伤人自尊，人家心里没感觉吗？他太年轻，年轻是要付出代价的。

关于王排长被执法机关审查的事件在小镇上传得沸沸扬扬。

1974年，大公农具厂改为大公农机厂，后又改为大公机械厂，因为他们生产电振机了。生产电振机，县里没有批准，偷偷摸摸搞起来的，销售也不能大张旗鼓，只能暗地里活动。

秋冬交替之际，王华业带着帮手徐正龙来到江西南昌。住在工程招待所。买了一张江西省地图，先跑南昌附近的县，没有收获。徐正龙的哥哥李祥林，当时是江西机电厂人事科科长。通过李祥林介绍，又接上了老红军干部谢龙标关系。谢老曾在东台、海安一带打过仗，对江苏来的客人很客气，谈起当年的战斗生活，充满感情。得知他们到江西来销售电振机，就说：我写封信给李井泉书记，请他帮帮忙。于是，王华业和徐正龙带着谢老的信找到李井泉书记办公室，办公室主任接待他们，得知来意，这样的事当然不能让省委书记办，就说：我介绍你们到茨坪，茨坪要办水泥厂，或许需要电振机。

王华业和徐正龙来到井冈山，井冈山是特区，省委介绍的人享受特殊待遇，吃饭每天收5角钱，不要粮票；住宿是宾馆，每夜每人1元6角钱。

上山容易下山难，大雪封山，住了将近半个月才接到下山的通知。

井冈山之行，住得好，吃得好，看了风景，接受了红色教育，电振机一台也未卖出去。

王华业觉得向厂里没法交代，想到江西盛产木材，与徐正龙商量，请他哥哥李祥林帮忙，搞点木材回去，李祥林介绍他们去找遂州林业局黄家芃局长。不巧黄局长去吉安开年会，问办公室伊主任几时回来，伊主任回说5~6天。

没办法，只好等。天天去办公室，跟主任混熟了，伊主任问找局长何事，他们如实相告。春节将近，不能再等，二人商量，干脆就请伊主任帮忙。于是，买了五条香烟，偷偷塞在伊主任宿舍被子里，回家。

春节后的一天早上，徐正龙像中了大奖一样高兴，对王华业说：伊主任来信了，批给我们300m³木材。此时，于厂长调走了，新来的厂长姓林，也是大队支部书记。王华业是生产委员，抓业务。林厂长新来乍到，情况不熟悉，尊重王华业的意见。王华业对徐正龙说：我厂里工作忙，不去江西了，你全权处理，带点土产给伊主任和你哥。

一次搞到300m³木材，大公轰动了，机械厂发了一笔财，净赚4万多元。王华业做主批给徐正龙10m³边皮板。厂里有人意见很大，王华业说：只看见强盗吃肉，没看见强盗挨揍。谁对厂贡献大，我就奖励谁。

得一望二，鼻子拉得一丈二。又一次买木材，王排长的鼻子真的被拉得老长了。

厂里有个职工受到徐正龙获重奖的刺激，对王华业拍胸口，他能搞到木材。王华业当即表态：行！我们论功行赏。

　　木材搞到了，可是惹了祸，那位职工假公济私，运木材船队进入江苏以后，偷偷卸掉一批，据为己有。有人举报到区工商所，区工商所立即组织人员彻查。

　　厂里也知道了，领导班子立即开会研究处理办法。会上，王华业力主开除那位职工。大家认为：急于开除不妥，等执法部门定性后再处理。要是性质不严重，教育为主；性质严重，触了法，再开除不迟。王华业坚决不同意，他说：假公济私，开了先例，助长歪风邪气，工厂是搞不好的。因为买木材是他批准的，他说开除，其他人也就默认了。

　　区工商所以为抓到了一条大鱼，所长亲自出马，来到大公，王华业被叫到公社，所长劈头就是一句：木材是国家计划物资，你贩木材是投机倒把，必须老实交代！王华业回道：木材是厂里买的，怎能说我投机倒把？海安地处平原，没有木材，工业用、民众用都得自己找关系，县里明文规定是允许的，投机倒把帽子扣不到他头上。所长又说：这次买木材，你是组织者、指挥者，你是怎样假公济私的？王华业回道：我买了 $0.6m^3$，用来打办公桌，$27 元/m^3$，按厂里规定，本厂职工买可以享受平价，我也享受了，除此以外，我与这次买木材没有任何关系。所长穷追不舍，问这问那，王华业拒不回答。中午，他拒不吃饭。一直关到晚上，还是不让他回家。厂里领导和职工到公社看望他，安慰他，他说：没事，身正不怕影子斜！

　　晚上，王华业依然绝食。公社党委朱德丰书记用自己饭菜票买了鱼肉和米饭，派人送给他，并且带信说：放心，公社党委会保护你的。领导如此信任和关怀，他不要牛脾气了，吃！

　　第二天，所长不来了，换了一位办案人员景同志，此人文雅和气，礼貌待人。他说：事情已经发生，我们总要调查了结，希望你能配合我们工作。

　　王华业的脾气，你敬我一尺，我敬你一丈；你对我牛，我对你更牛。

于是，他将事情的来龙去脉，原原本本，详详细细地说了一遍。他说，景同志记，最后亲笔在记录上写下五个字：王华业口述。那位假公济私的职工泼了王华业脏水，水落石出后，吓得逃到外地，事情也就不了了之。

王排长确实是个麻烦人，厂里的、社会上的，家庭的麻烦事也不轻松啊！

1972 年，王华业到上海兜售牛头刨，近 20 天四处找门路，没人要。最后降价作为旧机床卖给上海虹口区旧机电商店。晚上到 16 铺乘船回家，早上到达南通港，碰到大公机电站徐瑞根，徐向他报喜：你家夫人生个男孩，已经 7 天了。他欣喜若狂！祖父辈第一胎生的都是男孩，而他，第一胎是个女的，盼望生个男孩。急急忙忙赶到家，见到孩子奄奄一息，顿时火冒三丈，当时将躺在床上的妻子痛骂一顿。

那么，怎会仅仅产妇和婴儿厮守一室的呢？

两年前，贲友兰突然带着一岁多的女儿走娘家，没及时回家。

王华业愁眉紧锁，默然无语。这个家太劳累了，农田的活计要做，一大堆的家务事要做，她怀的第一个孩子，就是因为做了重活流产的；这个家太寂寞了，表面上热闹，吃起饭来一大桌，但是没有一个跟她说话的人。公公是主要劳动力，除了干活，就是吃饭睡觉；婆婆最小的孩子也就是王华业的五弟只比媳妇的女儿大半岁，做活的时候用布条将老小绑在板凳上；小姑小叔们上学，丈夫在厂里忙，10 天半个月不归家是经常的。她觉得在这个家庭中了无生趣，并不是与什么人有难解的纠结。王华业沉思良久，终于做出一个惊人的决定：分家！

分家是兄弟之间的事，谁见过儿子跟老子分家的？他知道是"逆天"行为，会招来众人非议，但是别无选择，因为没有妻子，女儿谁来抚养？女人家，没有女人等于没有家。决定之后，他骑着"宝马"，直奔丈人家，见了妻子，开门见山：友兰，我已经决定分家，你如果信任我，我们单独过，我会给你幸福的；你如果不信任我，现在住的一间房，就是你和孩子的，我一个人离开大公，闯新疆！

贡友兰看着眼前长得像包公似的丈夫，默然无语。她了解他的性格：寡言少语，没有虚情假意，决断的事是不能更改的。况且她是没有退路的，娘家属于妹子。回去单独过也很困难，但小家庭是完整的，慢慢营造属于自己的小窝，会一天天好起来。丈人和丈母见到女婿接女儿和孩子回家，如释重负。俗话说：嫁出门的姑娘泼出去的水，泼水怎么能收回来呢？

分家极其简单，就是一间房一张床一只梳妆台属于王华业夫妇财产，其他就是3个人的口粮。

那个令人心碎的夜晚，全家人聚在一起，全神贯注静听王华业讲话：爸、妈，我是一个不孝之人。我不会忘记，到双楼读书，要交13元学费，你们卖掉家里值钱的东西，又向别人借5元钱才凑足；在三年困难时期，大家都饿肚子，妈吃糠咽菜，省下粮食给我们吃，自己饿出浮肿病，我不会忘记你们养育之恩；各位弟弟妹妹，我是不称职的长兄，没能协助父母供你们上学读书，我不会淡薄手足之情；友兰贤妻，你到我们王家，吃了很多苦，挨了很多搞，主要责任在我，我是一个不称职的丈夫。你们都是我的亲人，请给我时间，我不是孬种，会报答你们的。

说到这里，泪水在眼眶里转，忍不住，还是躺下来。男儿有泪不轻弹，只是未到伤心处。到了伤心时，还是会弹出来的。

老爸王文余深知儿子的艰难，忙安慰说：华业，你就在这一间房子里住，分开过，也不等于谁也不认谁了。

媳妇生个男孩，王文余夫妇很是兴奋，全家都帮忙。但是，农村人，派人专门服侍产妇是不现实的；婴儿生病，谁也不放在心上，因为农村人总是小病挺一挺，大病才进医院。

王华业见儿子病得不轻，一时性起，痛骂妻子，妻子面无表情，任他发泄。他是个性情中人，有话就说，有屁就放，说完放完能回到理性的现实中来。自己明明知道妻子临产，为了厂里的那几台破牛头刨，拔脚就走，身为丈夫，责任心呢？爱心呢？好在他懂得自责，并且会用行动纠错。立即请个人,借来一辆板车,自己在前面拉,那个人在后面推,将母子送进大公公社医院。

给孩子看病的曹医生与王华业熟识,实话实说,孩子有伤寒、败血症、肺炎等症状,只好死马当活马医了。

经过一天一夜治疗,孩子终于哭出声来。曹医生说:有救了。王华业乐坏了,表现出奇的好,住院8天,他形影不离,为孩子洗尿布,为妻子倒茶送饭。忙里偷闲,没有忘记给孩子起个名字,思来想去,定名王燕。燕,候鸟也,冬去春来,英武俊俏,祝愿儿子一生好运。还有一层意思,外人是很难看透的,"燕"和"业"谐音,王家老大。重男轻女思想严重得很呢。

青年王排长被厂里、社会上、家庭内的人和事搞得焦头烂额,常常独自慨叹:做事难,做人难,做人比做事更难。颇像一位饱经沧桑的老人。

第五章 神来之笔

1975年，王华业被任命为大公农具厂革委会副主任，由于主任更换频繁，所以他的思路就成为工厂未来的走向。

贩木材不是工厂的正业，风险大，麻烦多，他决定从此洗手不干，一心一意搞机械产品。

机械产品名目繁多，犹如天上的星星，数也数不清，哪颗星才是主攻目标呢？

当时，大公农具厂机械主产品是1-5号电振机，1-5号电磁给料机，用户是水泥厂。在销售电振机的过程中，王华业的思路逐渐清晰了：水泥是现代建筑的粮食。古老的中华民族，从始祖有巢氏发明窝棚开始，直到秦砖汉瓦，安身立命之所不断创新改善，当时代的车轮行驶至二十世纪的时候，告别秦砖汉瓦已成必然之势，水泥厂遍地开花，制造水泥的机械必然前途无量。他的逻辑推理天衣无缝。于是，主意打定，主攻水泥机械，大公农具厂从此走上康庄大道。

1978年，大公农具厂改名为海安县大公机械厂。

1980年，如皋水泥厂购买一台大公机械厂的电磁振动给料机。王华业发现该厂配料完全是人工在料台上称量，这种原始工作方法，耗时多，速度慢，配料不精确，还存在着安全隐患。他立即向水泥厂了解：生产水泥配几种料，每一种料各多少量，台时产量，精度要求，摸清各种数据，开始酝酿机械配料。

经过数月苦心经营，斗式配料秤设计出来了：

1. 台秤的选择。台秤的规格有两种，一种是不配挂砣 50 公斤，称量可以达到 500 公斤；另一种是不配挂砣 25 公斤，称量可以达到 200 公斤。

2. 料斗体积的确定。用 50 公斤的台秤称石灰石（80%），用 25 公斤的台秤称黏土、铁矿石、原煤。

3. 称料斗的型式为 45°倾斜式，上大下小，多边形。

4. 与台秤实现自动称料、自动卸料机械的设计。采用永久磁铁固定在秤杆上，感簧管固定在刀架上，当台秤称量杆达到重量向上时，感簧管于永久磁铁在同一个平面上，感簧管的弹片被永久磁铁收合，感簧管触点分离断电，料门开房卸料，料卸完后，秤杆下落，感簧管触点脱离永久磁铁而闭合，电路通电，指挥电磁振动给料机向料斗内卸料，料重达到设定的重量时，秤杆抬起断电卸料，周而复始连续工作，实现间断式称量卸料。

5. 控制柜线路采用阻容移箱电路加集成电路。

王华业预见到斗式配料秤的使用会给千千万万水泥厂带来可观的经济效益，虽然殚心竭虑设计出图纸，可是心中没底，希望得到有关专家的指点。正好省乡镇企业局有位副局长在海安视察，副局长老家在大公，家乡出去的官当然会帮着家乡的企业。

那位副局长没架子，一请就到，王华业向他汇报自己的小发明，阐述小发明在水泥生产中的价值，他听了点点头。王华业又带着以他为首的一行人到制作斗式配料秤现场，他巡视后，一言不发，摇摇头。

怎么回事？

原来大公机械厂厂房不够用，研制斗式秤就借用大公机电站原来的电镀车间，车间年久失修，外面下大雨，里面下小雨。屋内还堆着杂物。副局长后来传出话：在灰堆上搞电子产品，胡闹！

王华业生气了：家乡人不帮家乡，还泼冷水。我就闹出个样子给你看看！

1981 年春天，首台样机被他"闹"出来了。

样机出来不等于成功，必须经过水泥厂使用确认才算大功告成。

1982年春，经朋友介绍，宁波市房地产局水泥厂签订合同购买，并如数交了预付款。到了夏天，样机发到宁波。

设备安装后，进行调试。第一批是本厂技术人员钱加银和林先月，以失败告终；第二批是花钱请海安电子仪器厂两位技术人员，也以失败收场；第三批请上海城隍庙中学一位物理老师，仍然无功而返；第四批请上海医疗器具厂一位电子专家，同样失败。大公机械厂张副厂长坐不住了，对调试人员发火。王华业知道也是对他施加压力，只好亲自出马了。

他首先对四批调试人员进行逐一调查，查明失败原因，最后归纳为两大问题：

1. 电控柜，强电干扰，弱电造成反馈信号失灵而不能正常工作。
2. 料斗卸料到一定重量还没有达到设定重量时卸料了。

归结到一点：问题出在电上。

而电，是王华业的弱项。

没办法，只好临时抱佛脚了。他买来《电子技术》1~4集进行恶补，现学现用，终于找到弱电信号失灵的原因，并想好对策：

1. 强电吃掉弱电，必须分开设计，分别安装在互不干扰的箱子内。
2. 强弱电之间必须用隔磁板。
3. 弱电信号线必须用屏蔽线。
4. 从供电到控制柜的电压必须保持稳定，电压波动必须小于±2%，否则要装稳压器。

必须重新做一台控制柜！

宁波方面不断来电催逼，最后寄来通牒令，定下最后期限，不调试好，退货，赔偿损失。

王华业率领梅从标、张斗发、林先月、钱加银，一行5人带着一只新做的控制柜奔赴宁波。

从上海十六铺码头上船，买的卧票。王华业睡不着，头脑里尽是各种方案；到了宁波，住在宁波军区医院招待所，晚上还是不能入睡，头脑里翻来覆去还是方案。

第二天早上，去见客户前，他将4人工作分工明确，并且告诫：不能说他是厂负责人，只说是厂里的老师傅。这样做不是欺骗，而是万一不成功，还有回旋余地。

见面后，水泥厂负责人态度冷淡，直截了当说：这一次能不能搞好？搞不好就不要搞，免得浪费时间。在办公室坐定后，钱加银首先介绍王华业说：这是我们厂的老师傅，机电技术过硬；接着王华业向宁波房地产局领导讲述这次的调试方案，对方同意让他们作最后一次调试。

走出办公室门，心直口快的林先月低声问王华业：王厂长，这一次有把握调好吗？不料被水泥厂一位干部听到，立即心生疑问：干部冒充师傅，搞什么鬼名堂？他们一行5人立即被叫回头，要求立下军令状。

万般无奈，王华业豁出去了，他说：我是副厂长，也是技术人员。军令状不必立。我这次来，调试不好，就将退货款和赔偿款一次结清。我以人格担保，说话算数。水泥厂领导端详他的神态，听他口气，不像江湖骗子，同意他们再干一次。

他对自己设计和制造的产品向来充满自信，这一次为何底气不足？

轮船上的夜晚，宾馆的更深人静，他设想几套方案，哪种方案可行，不经实践检验是靠不住的。到了现场一看，紧锁的眉头舒展了，真是"梦里寻他千百度，蓦然回首，那人却在灯火阑珊处。"5只斗子两天改制完毕，第五天进行总试车，技术指标全部达到要求。第六天继续现场观察，毫无问题。

大公机械厂一行5人乐坏了，真想一醉方休。4个人一条声，要王华业请客。王华业说：你们还有脸敲我的竹杠，在轮船上，在宾馆里，你们都呼呼大睡，我睡不着啊！你们请我才是。4个人又是一条声：我们请，任你多大酒量，不灌醉不罢休。王华业说：要请，回到海安一个一个地请，明天我还要做学术报告呢。

学术报告会在水泥厂食堂举行，厂里干部、技术人员、工人骨干参加。厂长主持，他说：海安机电专家王华业先生亲自带队调试斗式配料秤，获得成功，解了我们厂燃眉之急。首先，让我们以热烈掌声表示衷心感谢！掌声一片。借此机会，我们邀请王专家做学术报告，听君一席话，胜读10年书。王专家的真知灼见将会使我们受益匪浅。让我们以热烈掌声表示欢迎！一片掌声。

王华业西装革履，款款登台。深深地鞠了一躬，说道：尊敬的水泥厂各位领导、各位机电同仁、各位工人师傅，千里姻缘一线牵，水泥将海安与宁波联系起来，在合作过程中，我对我们厂服务不周和失误向贵厂道歉，对贵厂宽宏大量表示深深的敬意。路遥知马力，日久见人心。我相信，我们两厂在合作中建立起来的友谊必将日久弥坚。让我们为友谊干杯！说着，他端起茶杯，一饮而尽。即兴表演获得满堂彩，赢得一片掌声。

他的学术报告整整做了4个小时。4个小时，会场鸦雀无声，听者全神贯注，耳听手记。

回到宾馆，4个人也很激动，说身为大公机械厂的人感到自豪和光荣。王华业正色道：人家是尊重知识，尊重人才。你们记着：花拳绣腿成不了大事，要的是真才实学。

斗式配料秤的研制成功是大公机械厂发展史上的里程碑，新产品一传十，十传百，供不应求。从此以后，企业走上良性发展的道路。

对于王华业个人来说，也是通往水泥机械最高殿堂的里程碑。虽然，宁波房地产水泥厂的领导称他为专家，他自己知道，成为名副其实的专家，还有一段很长的路要走。初战告捷，增强了自信心。帝王将相皆是凡人做，乡下的土包子完全有可能排上专家之列。

关于斗式配料秤的研制生产，还有一些小故事。

张副厂长在推广DZC型斗式配料秤的过程中，有些用户建议找个权威设计院做靠山，推广起来更加容易。于是张厂长和王华业一起到某省设计院去，找到该院电子科主任，主任要图纸、技术参数、用户意见，都给了他。王华业请他盖个章，他说：你们回去听消息吧，我要向院部汇报。等了半年，杳无音信，王华业偶然看到一则广告，广东某电子厂生产斗式秤。细查，那位科长就是某电子厂所在地人。几年辛苦，投入金钱投入精力，傻呼呼地送给别人，气愤、懊恼、后悔都迟了。当然，收获还是有的，懂得市场就是战场，害人之心不可有，防人之心不可无。

大公机械厂出名了，远道而来的客户并不鲜见。有一天厂里来了一位蒙古族人，时值秋冬之际，他穿着长袍，腰间插一把匕首，自称是内蒙古锡林浩特水泥厂科长，问是不是生产斗式配料秤。接待人拿了一些资料给他看，回答他提出的问题。到了中午，接待人向王华业请示接待规格。王华业觉得是少数民族客人，不能怠慢，设宴招待，4个人作陪，并亲自参加。5个人喝掉2瓶酒。主人不准备添酒，那位蒙古族老兄酒意正浓，从口袋里摸出10元钱，向桌子上一撂，说：我这儿有钱，买酒！王华业赶忙解释，酒有的是，怕喝醉了，伤了客人身体。蒙兄哈哈大笑：不喝醉不叫喝酒。又开一瓶，他自倒自饮，喝到最后，突然向桌底下一躺，不动弹了。

4个人手忙脚乱，将他抬到床上，宽衣解带，片刻，鼾声如雷。王华业安排4个人轮流值班，发现异常，立即送医院。

第二天10点钟左右，蒙兄醒了。王华业对他说：你独自1人出差，喝醉了难道不怕坏人谋害？他说：旅途中从来滴酒不进，到了你们厂，就是到了家。我们蒙古人，遇到恶人用匕首，遇到朋友用手榴弹（酒）。

蒙兄确确实实朋友人。后来，斗式配料秤生产好发货到内蒙，厂里派林先月去调试，调好后，他陪林先月骑马在锡林浩特大草原玩了3天。

母以子贵，厂以产品出名。斗式配料秤面市，王华业突然觉得：外面的世界真精彩！

中篇　鹏飞万里长空

天时、地利、人和，历来被认为成就事业的三大条件。王华业，一个普通农民的儿子，天资并无过人之处，后天的成长之路坎坎坷坷，一步一个脚印走了20余年。到上个世纪80年代中期，他积累了丰富的专业知识和技能，凝聚了一定的人气，拥有属于自己主宰的平台，才华像火山一样爆发出来，围绕家前屋后飞来飞去的麻雀蜕变为翱翔长空的雄鹰。

第六章　当家滋味

1984年，王华业被任命为厂长。

大公乡党委决定推广无锡堰桥乡一包三改经验，乡镇企业改革，实行承包制，由厂长组阁，报乡政府备案。他是新上任的厂长，当然不敢独断专行，征求方方面面意见，任命张斗发为副厂长（负责供销）、王家安任副厂长（负责生产）、徐瑞根任副厂长（负责行政）、王文钿任总账会计，结果王家安没有备案。王华业跑乡政府好几趟，没有说明原因。他很生气，对王家安说：我是厂长，有权任用你，你工作照做，不管他们什么时候备案。

他生气的日子多着呢。

1984年，大公机械厂又更换支部书记，新来的书记姓周，此人原来也是大队支部书记，后来调某个社办厂任职。此人官不大，派头不小，他吩咐王华业安排单独一间房做办公室，并在办公室旁修建一座小花园。有位职工早上上班，当着大家发牢骚：什么书记？官僚主义！脱离群众！这种人早滚早好。周大人当场听到了，只得没趣地走开，不敢再提花园之事。他一个人到乡医院看病，拿发票到厂里报销，总账会计不同意，因为厂里规定，全厂职工医药费汇到医院统一结算。王华业与各位副厂长、质检科长、生产科长等都在一间大办公室办公，周大人要求王厂长每天下午下班前到小办公室汇报一天的工作。王华业说：你搬到大办公室办工不就得了嘛，我没时间，也没记性。

周大人装了一肚子气,认为都是乡镇企业改革革了他的命,过去在他势力范围之内,谁敢说个"不"。有一天在乡里开会,他忍不住问乡党委书记李昌银:请教李书记,工厂里的书记和厂长哪个大?李昌银愣住了,这是个无解的问题。过了一会,他打电话将王华业叫到乡政府,三个人当面锣当面敲:工厂里的书记和厂长哪个大?我的看法是谁有本事将工厂做大做强,就是谁大!草包再大,只能装草;钱包虽小,能装金条。王华业,你好好干,乡党委信任你。

王华业心里暖洋洋的。自己拼命干,组织上看到,广大职工看到,够了。

周大人碰了一鼻子灰,不死心,竟然做起小人勾当,在工厂的厕所里贴王华业小字报,说王是阶级异己分子,要夺共产党的权。厂保卫人员向李书记汇报,李书记到现场察看,命人将小字报撕掉。过了几天,乡党委研究决定,周大人卷铺盖走人,同时任命王华业为支部书记,书记厂长一肩挑,极为少见。

穷日子难过,富日子也不好过啊!

工厂的业务扩大,人员增多,原来的弹丸之地无法容纳了,厂里打报告到乡政府,要求征用土地。乡政府当然支持,提出几个地方让他们选。王华业一一细看,都不理想,主要是离公路较远。最后,李书记拍板:乡政府让出来,机械厂给乡政府砌一幢办公大楼。

王华业心疼,乡政府的办公房都是质量差的平房,派不上用场,等于白白多花一幢楼房的钱。心疼也得同意,政府是得罪不起的,求他们的事多呢。

更让王华业心疼的是紧挨乡政府有一家社办厂,濒临倒闭,也划归机械厂所有。谈判时,该厂狮子大开口,王华业不松动,闹到李书记那里,李书记说:都是兄弟厂,何必斤斤计较。没办法,王华业只得再割一块肉。

机械厂新建铸造车间和熔铁车间,需要建一座回火炉,回火炉的烟囱确定为30m高。砌好后，乡工办负责人忽然找上门来，问道：你们烟囱多少米？王华业如实回答。负责人说：你们必须去掉2m。王华业问：为什么？负责人说：邻厂烟囱28m，人家有意见。原来农村有习俗，邻里砌房要一般高。这次王华业牛劲上来了，他斩钉截铁地说：我需要砌多高就砌多高，他吃饭，我喝粥，两不相干。你身为主任，怎么支持旧思想旧风俗？我是不会听的。主任气鼓鼓地走了。此后，邻厂之间小摩擦时有发生，直到那家厂关门为止。

王华业书记厂长一肩挑之后，业务方面从此无人制肘，顺利得多了，然而，行政和业务条条上的婆婆多得很，他是回避不了的，既烦又难，花费大量时间和精力，心情也不愉快。

乡一级，工业办公室是乡政府管理乡办企业的职能机构，负责人与企业一把手平级，都是原企业领导，因为年龄关系或业务能力关系或企业领导层团结关系调离企业而坐办公室。在咱们中国，官大一级压死人，平级之间是不敢以婆婆自居的，偶尔不识相，盛气凌人，碰一鼻子灰自认倒霉。乡党委方面，书记是当然的婆婆，全乡他老大，什么单位什么人都有权管。分管工业的副书记是直接婆婆，企业是不能随便得罪的。王华业刚当一把手，还不知轻重。厂里刚买一部双排座客货两用车，从北凌乡调到大公的副书记就痛骂他一通：谁叫你买的？这种车是一个修理厂改装的，技术不成熟，出事由你负责。王华业回道：是李书记叫我买的。副书记说：你这个人搞派性，只听书记，不听我的。王华业又回嘴：买的时候你不讲，买了拿我出气，我们下级做具体工作，领导的话都得听。厂里砌钳工大车间，15m宽，46m长，11m高。四面围墙刚砌好，那位副书记来检查工作，看到后，又是一顿痛骂：你钱多了，花钱不当个事！砌这么大车间干什么？你人有多大，讲阔气，摆排场，铺张浪费。王华业一点不给他面子，说道：我人高人矮，跟砌房子没有关系。这个房子是车间，造建材设备，不是造人。

这位副书记是老干部，可能资格比李书记还老，从北凌调到大公当副书记很委屈，不好发作，只是拿王华业出出气，王华业顶他，他以后也没给小鞋穿。

县工业二局专管乡镇企业，属于业务领导，王华业在打交道过程中少不了摩擦，比较大的冲突有两次。

一次是王华业开发了斗式配料秤，大公机械厂红火起来，局里的想法：大公机械厂与县电子仪器厂合并，县厂牌子大，客户看得起，有利于产品销售；县厂技术力量雄厚，光大学毕业生就有几十个，开发新产品有条件。派一位科长到大公去与王华业洽谈，王华业一口否决：我们是企业中最低等公民，能搞多大就搞多大，不指望靠别人赏饭吃。科长气得连饭也不吃，掉头就回县城。

另一次是关于厂名问题。海安的建筑铁军在江苏乃至全国都有名气，建材企业也成了气候，上档次达规模的有三家：双楼、大公、朱家舍。局里意思：三家名称统一：双楼的叫海安建材机械一厂，大公的叫海安县建材机械二厂，朱家舍的叫海安县建材机械三厂。给外界以强烈印象。王华业死活不同意：三家是独立办起来的，并不是从一个总厂分出来的，排一二三不合适。局长笑笑说：你心大，要争第一。王华业也笑笑说：争第一有什么不好？人嘛，不争（蒸）馒头还争口气呢。

后来，大公机械厂改名为海安县建材设备厂，成为建材机械生产定点单位。

总的说来，王华业与乡县两级领导争，都是为本企业的利益，人们是可以理解的，当家人不顾家才怪呢。乡党委书记考虑的是全乡的工农业发展，县局着眼于全县工业，大家都有道理，都不是为一己私利，矛盾还是比较好解决的。

不好解决的是牵涉到个人的私利。

嫌贫爱富虽然在道德上受到谴责，但在现实生活中却是普遍现象。大公机械厂的前身大公农具厂，常常发不出工资，不见一个干部登门；现在有钱了，纷纷找上门来，拍肩膀要安排人进厂工作。乡办企业职工基本是本乡本土的农民，随着企业不断发展壮大，人员的需求量也越来越大，王华业有个明确规定：凡本厂干部和老职工，有亲属要求进厂的，可以满足，但工种必须服从分配。乡政府的干部享受本厂的待遇当然也不成为问题。要命的是自视高人一等的官那一点待遇是看不上眼的，挑的就是既拿工资又很轻松的活儿，工厂里到哪里去找呢？王华业是个特别抠的厂长，眼里容不得闲人。

有缝钻，没缝也钻。有位乡领导夫人看中铁木竹门市部营业员兼会计位置，要王华业安排。王华业很为难，位置已经有人。领导说：你将他另外安排不就得了吗？三番五次地追，王华业没有办法，只得硬着头皮找那个人谈话，并实话实说，是谁顶他的位置。那位老兄态度强硬：她有后台，我也有后台，凭什么我让她？

王华业也是受官管的人，两头受气，奈何？

牵涉到乡主要领导人的一件事又激起他愤怒的波涛。

厂里职工向王华业报告：有人偷柴油从厂门口大摇大摆出去。他心头一惊：谁敢如此大胆？中午下班，故意推迟离开，眼睛盯着大门口，一会，果然看见一个陌生人提着20公斤油箱向大门走去。他三步并两步追上去，刚出厂门，逮个正着。问那人：有没有付钱？那人说：没有付。他说：没付钱就是偷。那人说是厂里某干部叫他干的。王华业火了：谁叫干都不行，你走！油箱放下。那人不想走，王华业说：不走，我打电话给派出所。那人灰溜溜地走了。

下午上班，某干部气呼呼地对王华业说：你胆大，李书记要点油，你都不给，这个主我做了。王华业说：这不是给，而是偷。身为厂负责人，我不能允许任何人偷厂里的东西。某干部要求王华业同他一起去见李书记。王华业不予理睬，那人只好气鼓鼓地说：你不去，我去。

柴油的事本来很小，那年代，机关干部和学校教师流行使用一种叫做五更机的小炊具，单身或人口少之家煮饭热菜不烧柴禾烧柴油图个方便，一乡之首长向厂里揩点油，确实算不上个大事。某干部从乡里回厂后，王华业觉得小事有可能造成大矛盾，有必要向领导说清楚。

见面后，王华业将事情的经过如实向李书记汇报，李书记没有教训他，倒是他说了一通：你书记信任我、支持我，我心中有数。偷鸡摸狗的事情如果任其泛滥，我就是一个不称职的当家人，没法向广大职工交代，也没法向您书记交代。如果您能谅解，我感激；不能谅解，我这个厂长当不当无所谓。说完，掉头就走。

李书记熟知王华业的性格特点，他就是一根筋，办事认死理，说话不转弯。

《红楼梦》中有一副对联：

世事洞明皆学问，

人情练达即文章。

世上之人，全才极少。业务特别强的人，人情世故方面欠缺；左右逢源、八面玲珑之人，业务上往往不咋的。王华业是水泥机械专家，说起本行，滔滔不绝，眉飞色舞；行政方面的事，与人打交道，觉得烦难，感情纠结，正常自然。

第七章　一步登天

铁打的衙门流水的官,大公乡又换书记了,新来的书记名叫袁金官。

袁书记是知识分子型干部,原来是县委宣传部科长。到大公不久,干部群众反映好,他笔杆子来得,口才极佳,普遍认为水平高。王华业对什么人来执掌大公从不在意,对领导的态度一向是敬而远之,心中只有他的厂,他的水泥机械。

一天下午,袁书记打来电话,晚上请他吃饭。地点,乡政府宿舍。客人,仅他一人。

他心中打鼓:新官上任三把火,知识分子花花肠子多,会不会火烧到自己身上?

他准时如约而至,袁书记笑脸相迎。桌上早已放一瓶海安粮酒,几盘卤菜。

王华业说:袁书记,你到我们大公上任,我没有摆酒接风,倒是你请我,反了,反了。

袁金官说:论年龄,你是兄长;说办厂,你是行家。请兄长和师傅喝酒,名正言顺。薄酒一杯,土菜几碟,不成敬意,请师傅海涵。说着,深深一躬。

王华业没有思想准备,赶忙还了躬,说:你是领导,虚怀若谷,敬佩!敬佩!说兄长,愧不敢当,不过多吃几年饭;说师傅,更是无地洞可钻,领导才是雄才大略,高屋建瓴。

王华业从来不认为自己是知识分子，其实，他就是知识分子货。咱们中国定义知识分子，中专以上学历包括中专，因为双楼农中不是国办而是县办，毕业后享受待遇不同，文凭的质量同时被贬低了，实际上学员的质量比国办的只高不低。在交际应酬方面，他喜欢直来直去。随着同外界打交道多了，也学会不少言不由衷的客套话，面对文才口才十分了得的新书记用上了。

酒过三杯，彼此的距离拉近，首先是袁金官袒露心胸：古话说，为官一任，造福一方。我们乡干部算不上什么官，但是组织上把大公交给我，我就得为大公人民做点事。现在农村土地实行联产承包制，可做的事不多，乡办企业就是工作重点。我请你吃酒，这个酒是我个人掏腰包，你可不能白吃，要帮我"解难"、"解疑"、"出点子"。

知识分子干部逻辑性强，做报告、讲话，一、二、三、四、五，条理清楚。他所说的7个字，就是目前大公乡办企业面临的三大问题，王华业对本乡企业了如指掌，有问必答。

大公毛毯厂是一大难题，内部管理混乱，明拿暗偷在干部职工中时有发生，产品又卖不出去。袁金官请王华业出主意，如何起死回生？

王华业的意见是：拖下去是阴天驮穰草，越驮越重，最后还是烂掉，迟死不如早死。并答应死掉后，利用原厂房屋和设备帮助乡政府办个建材机械厂。

缫丝厂在海安各乡镇遍地开花，与大公相邻的北凌乡也办起来了，袁金官的意见是大公也能办。

王华业认为：蚕桑季节性强，大家都办，势必造成争抢原料的局面，经济效益不会太好，后办的竞争不过先办的，风险太大，收入不及投入，垮台的结果不是危言耸听。

关于全乡各村都办厂，王华业明确表示不赞同，有条件能获利的就办，没条件硬办就是劳民伤财。

袁书记请客，上级请下级，在大公的历史上是首创，外人不知道，对当事人双方都受益匪浅。袁金官，年轻的机关干部到基层锻炼，能够谨慎从事，向内行人问路，并且从善如流，虽然在任上没有大书特书的政绩，但也没有好大喜功，留下一屁股屎让接任者去擦。对于王华业来说，他自信心更强了，干大事者必须有一股霸气。

建材机械市场的竞争是激烈的，王华业意识到：要立于不败之地，必须不断有新产品问世，而新产品依托的是雄厚的技术力量。经安徽省建材设计院邢东海工程师介绍，王华业到天津院找到杨大华高级工程师，杨工看了介绍信，很高兴，决定到海安走一趟。他拿出高工证书给王华业，凭此可以买火车软卧票。王华业拿着证书，左看右看，第一次看到职称证书，觉得无比神圣，它就代表着身份，含金量高啊！

到南京，他立即租一辆小车，将杨工接到厂里。

杨工经过考察，决定将他设计的水平料封出料机给海安建材设备厂生产。双方协商，到天津院办图纸转让手续。

第一台机很快生产出来，卖到安徽郎溪水泥厂，使用情况较好。县乡镇企业局要求鉴定。

王华业又去找杨工，杨工说鉴定要测试数据、保压数据、漏风数据等等。他带人到郎溪，连续工作48小时。

数据齐全后，要写鉴定报告，应该天津院写。王华业再去找杨大华，杨大华找设备所所长张庆余，张庆余说：先将科技成果属于哪一家定下来才好写。王华业不懂什么叫科技成果，只知道鉴定后就可以生产，生产后就可以卖钱。天津院欺他不懂，决定科技成果属于天津院，生产鉴定属于海安建材设备厂。

鉴定报告谁写呢？

杨大华说：我只设计输送槽，振动部分是薛斌设计的，该他写。

薛斌说：我没空，输送槽是杨大华设计的，该他写。

二人扯皮，王华业心急如焚。吃皇粮的拖得起，自己找食吃的拖不起。他在天津院附近的一个小旅店住下来，花5天时间写好鉴定报告，交杨大华，买张火车票回海安。

刚到厂，就接到杨大华电话，说报告中有关科技成果在技术报告部分不明确，要他立即到天津来。王华业说：你补充一下不就行吗？杨大华死活不答应。

他毫无办法，又一次北上，一个星期往返3次，都是买的站票，腿都站肿了。

经江苏省科学技术委员会鉴定，结论是：填补国内空白，达到国内先进水平。

在鉴定会上，省科委明确表示：科技成果为天津院和海安建材设备厂共同所有，各自向所在省市申报。

与天津院合作，王华业懂得什么叫科技成果，设计和生产缺一不可。

一条偶然得到的信息彻底改变了王华业的命运。

厂里跑外联的钱加银告诉他：南京水泥机械设计院和海安建材机械厂联手，在国家建材局的指挥下，搞预加水成球，已有两家水泥厂在用，一家是南通市水泥厂，另一家是丹徒县水泥厂。

王华业心里猛地一惊，自己落后了。

原来，他们也曾买过晒图厂1套 φ2.8m 成球机图纸，生产后卖给建湖县水泥厂，质量不太好。现在人家已经搞预加水成球系统设备，怎么办？

市场竞争有句套话：人无我有，人有我新。经过几天冥思苦想，他大胆做出决定：搞改造型预加水成球技术装备。

这是一着险棋，搞得好，当然前途无量；搞不好，投进金钱，投进精力，最后竹篮打水一场空。

国家建材局亲自抓的厂搞预加水成球装备，你一个小小乡办厂居然敢跨越一步："改造型"！怎么改？

王华业做出决定时也不知道怎么改，他的思维方式是跳跃式的，认的是死理：跟在别人屁股后面亦步亦趋，永远成不了气候。

他的最大资本就是以他为首的技术团队，这个团队没有一人是高学历，当然也就没有什么技术职称。但是，"土八路"厉害，个个人能设计，能制造；多年来，成员已经习惯头头不按常规出牌的风格，成功了大家庆贺，失败了没有怨言；一旦确定攻击目标，人人服从命令听指挥，总攻时哪怕几天几夜不休息也不说苦和累。

第一步是兵分两路，一路参观南通市水泥厂和丹徒县水泥厂，名义上参观，实质上是收集使用预加水成球存在哪些问题，知道存在问题才能有针对性地改进。

另一路是关键技术问题走出去向专家请教。王华业对水泥机械专业人才一直持敬仰态度，人家有系统的理论基础，见多识广，小视不得。他们先后拜访南京建材设计院、国家建材局无锡自控所等单位，南京院的冯兆年、无锡自控所的屈鸿犀二位专家热心支持他们的研制工作，特别是自控所的陈所长，同意成为研制合作单位，王华业心里踏实了。

第二步是确定改进方案。王华业和副厂长王家安总负责，所有技术人员都参加，有设计任务的各司其职，没有任务的也要献计献策。图纸拿出后由王华业最后审定。

第三步进入生产阶段，有关车间和有关人员都责任到位，王华业有一点空闲时间就到车间巡视。多少个日日夜夜，所有心血都倾注于其中，最后关头，不敢有丝毫疏忽。

第四步编写改造型预加水成球样本。重点在"改造"两个字，样本是厚厚的一本书。

王华业下的四步棋都是在秘密的状态下进行的，他开始就在全体职工会议上严肃地告诫大家，保密关系到工厂的生死存亡。

他担心什么呢？

怕就怕一个人：黄老总。

黄老总何许人也？他是国家建材局的总工程师黄有丰。

以前王华业曾经找过黄总，关于预加水成球问题。黄老总名声大，获得过国际布鲁塞尔银质奖，黄老不予理睬。现在，公开跟他叫板，岂不是胆大包天！

是福还是祸？来了躲不过。不知通过什么途径，黄老总知道王华业在搞改造型预加水成球技术设备。

一天上午，海安建材设备厂来了位不速之客，他是上海建材学院教授戴少生。

王华业与戴教授有过交往，戴教授开门见山，直奔主题：老革命，我今天来，对事不对人。听说你们搞什么改造型预加水成球技术装备，我受国家建材局黄有丰总工的委托，查看图纸和有关资料，请你协助。

王华业确实有点紧张，黄老总会不会怀疑偷了他的技术？面对特派员，他不敢有丝毫隐瞒，将图纸和资料和盘托出。

戴教授边看边记，看完后，向北京打长途电话。王华业在旁听到黄老总传来的声音：还真的有人敢搞改造型?！他们改了些什么？

戴教授将四大设备一一做了汇报，最后说：我个人认为，确实不一样。黄老总在电话中又提出种种质询，戴教授一一作答。

电话打了一个多小时，放下电话，戴教授长吐一口气，对王华业说：看来无碍大局，喝酒！

王华业欣喜若狂，说：喝酒！

过了几天，黄老总打来电话，要王华业进京面谈。

科技工作者的基本素质是严谨，像黄老总这样顶尖专家更是慎之又慎。真的假的，面谈很容易识别。

王华业不敢怠慢，立即进京向黄总汇报前前后后详细情况，黄总只是静静地听，偶或提些问题，王华业有问必答。

最后，黄总亲切地说：华业，咱们交个朋友吧。

王华业大喜过望，诚恳地说：黄老，您德高望重，学才公认，能做您的学生就是平生造化。

黄总摆摆手，说道：你们常年在生产第一线，实践出真知，实践出真知呀！

黄有丰总工不愧为大家，这就是大家风范。

从北京回到家中，王华业坐立不安，就是想释放一下，找几个人喝酒？老套路，不过瘾；到旷野里大吼一阵，不适当。忽然看到墙上挂着的旧二胡，他站在凳子上取下来，用抹布揩去二胡上厚厚的一层灰，然后坐在椅子上，慢条斯理地拉起来，边拉边唱，都是一些老歌：北京的金山上、一条大河、十送红军、红梅赞、洪湖水、铁道游击队之歌等等，有时候拉错了调或记不上词就再换一个，没完没了。

贲友兰看到丈夫太反常了，忍不住打断他的表演，问道：你在北京怎的啦？

要是时间倒退二十年，他会将妻子抱起来，狠狠地咬上一口。此时此刻，他眉眼都是笑：告诉你一个特大好消息，我们厂在国家建材局榜上有名啦！

关于改造型预加水成球的故事以后就没大波澜了。大公建材设备厂生产两台，一台卖给溧阳水泥厂，另一台卖给宜兴鲸塘水泥厂，这两家水泥厂相距不远，王华业亲自带队安装调试，使用情况良好。

1987年夏季，改造型预加水成球技术装备在江苏省科委组织下进行鉴定，与会专家审查鉴定资料，现场察看溧阳和宜兴两家水泥厂使用情况，一致同意通过鉴定。结论是：国内首创，技术达到国内先进水平。其中，技术达到国内先进水平，是国家建材局技术处处长李士林提出来的，与会专家无一人提出疑义。

鉴定会胜利召开，为海安建材设备厂带来了荣誉和信誉，同时也带来无限商机。中国大地出现了以双楼为主的预加水成球技术装备，以大公为主的改造型预加水成球技术装备，在国家建材局的大力推广下，全国水泥厂家纷至沓来，双楼、大公，两个不起眼的小镇，突然之间，热热闹闹，成为海安县动人的景观。

市场竞争是公平的，也是残酷的，优胜劣汰的规律谁也违背不了。起初是以预加水成球为主体的市场，逐步转向改造型预加水成球市场。

国家建材局技术处处长李士林（右一）在鉴定会上

第八章 师徒情谊

王华业早该扬名天下了，就在他发明斗式秤的时候。

生产水泥从人工配料改变为机械配料，他是中国第一人。

斗式秤的价值有多大？谁也说不清，有一点证明它的价值：一般新产品问世，寿命短的几个月，长的也只有几年，而斗式秤，行销二十余年，还有厂家问津。

如果他生在知识产权值钱的国家，应该是亿万富翁。而我们的国家，走了多少弯路以后，刚刚在工业化的大道上起步。

如果他是国字号专业机械设计人员，有了斗式秤，什么职称、工资加级、住房等等都有了，他当时是乡镇企业的副厂长，那时候的收入非常有限。

宁波房地产局水泥厂厂长称他为专家，请他做学术报告，他暗暗好笑：我不过是一时有了灵感，瞎猫碰了个死老鼠。什么专家？

他不懂得自己的价值，因为常年工作在最基层。正是多年的摸爬滚打使他创造了一个奇迹：设计和制造一肩挑，既能设计又能制造，在机械领域是罕见的人才。

又碰到技术成果的争论与分配问题了。

跟天津建材设计院合作的时候，生产是海安建材设备厂独自完成的，鉴定材料是王华业准备的，天津院想独吞成果，江苏省科委不承认，新产品有新技术，包括设计新和制造工艺新，没有制造，设计就是纸上谈兵。

天津院欺王华业不懂，江苏科委判定双方共有是公平的。

改造型预加水成球装备鉴定时，计划任务书、用户使用报告、财务分析报告、生产工艺汇编、标准、标准图纸等10项都是海安建材设备厂完成的。会上，向评审专家汇报的主要是海安厂的王华业等技术人员，无锡自控所成为配角。

科技成果属于谁呢？

海安和无锡两家共有是没有争议的，争论的是哪家排在前面？

自控所方认为他们是国字号研究单位，应该排在前面。海安科委、南通科委、江苏省科委与会同志一致认为：海安厂应该排在前面，因为他们做了主要工作，无锡所只是在自控系统设计方面起了引领作用，谁做出的贡献大，谁就应该享受荣誉在前。

评审会的判决，自控所无话可说，担任该项目无锡方负责人屈鸿垕高级工程师泪流满面。堂堂的国字号研究所，科研人员一大帮，高级中级职称有的是。一个乡办厂，技术人员最高职称是助理工程师，排在他们后面，脸往哪搁呢？这个成果还不如没有。

从内心讲，王华业真的不想跟谁争荣誉，木秀于林，风必摧之。"改造型"一举成名，产品供不应求，当然高兴。然而无意间得罪了两个人，成为他心中的纠结。

怎么解开这个结呢？

解铃还须系铃人，只能是他出马了，厂里其他人是替代不了的。

他专程到南京，找南京院的一位朋友冯兆年，请朋友帮忙协调关系。冯兆年很乐意，两个人到无锡，约请屈工晚上到酒店一叙。

老规矩，谁请客，谁致词。

王华业说：整天想的是机械，干的是机械，这样下去，我这个人快成为机械了。决定出去玩几天。第一站到南京，望见紫金山，想到北宋文学家、诗人、我的本家王安石的诗句：

京口瓜洲一水间，钟山只隔数重山。

春风又绿江南岸，明月何时照我还？

他是江西临川人，长年在外为官，泊船瓜洲时，涌起思乡之情。他又是改革家，写过一首歌颂改革的诗：

爆竹声中一岁除，春风送暖入屠苏。

千家万户瞳瞳日，总把新桃换旧符。

从王安石变法联想到现在的改革开放，如果不逢盛世，我王华业就跟祖辈一样，一辈子面朝黄土背朝天，永远不可能结识屈兄、冯兄你们这些大知识分子。我信佛，佛家认为，人与人相识、相知、相爱都是缘份，让我们为缘份干杯！

三个人酒量都不大，一瓶酒到位。

王华业很开心，提出明天到太湖租一条游船，请两个小妞唱锡剧，浪漫浪漫。屈鸿垩满口答应：好，好，我来安排。

屈鸿垩送二人到宾馆休息。告别时，王华业拿出信封说：屈兄，搞"改造型"，你们辛苦了，小意思，不成敬意，请你向专题小组同志们打个招呼。屈不肯收，王华业急了：这不是贿赂，交个朋友嘛。屈只得笑纳。

第二天上午9点多钟，屈鸿垩打电话给冯兆年：有没有醒呀？该上太湖啦。

冯兆年哈哈大笑：王华业赶早上头班汽车，这时恐怕到海安了。

屈鸿垩恨恨地骂道：王八蛋！真不够朋友。

仅过一天，王华业又北上，要到北京见一个人，国家建材局总工程师黄有丰。

第一次他是应召进京的，黄老总只听汇报不表态，最后丢下一句话：交个朋友。这句话让他激动得好长时间。"改造型"鉴定会上，高工屈鸿垩泪流满面的表现震撼了他的心灵：知识分子尤其是高级知识分子，自尊心特别强，丢面子比死还难受。黄老总领衔搞预加水成球，自己搞"改造型"，分明压他一头。虽然竞争应该不分高低贵贱，但心里能够好受吗？交朋友？他是什么人？宝塔尖上的人物；自己什么人？乡办厂的无名小辈，社会地位落差八百里，交什么朋友？！

在王华业的辞典里，以前没有"巴结""逢迎"之类词汇。随着与不少省、市设计院建立合作关系，接触到高级知识分子，羡慕、敬仰之情便扎下了根，真切地感受到知识就是力量，知识就是金钱，与这些人建立密切的关系，是他梦寐以求之事。南下比较容易搞定，他有把握；北上难度太大，想了多少方案，没有一个是满意的。干脆不想了，谋事在人，成事在天。顺其自然吧。

咱们大中国的首都真的是大，找个人十分困难。王华业要找的人是国家建材局技术处处长李士林，李处长参加"改造型"鉴定会，评价很高，登门感谢是人之常情。

王华业到技术处，问李处长家住何处，技术处的人都说不清楚，有人说可能在管庄，他原来在管庄设计研究院工作。又到管庄设计研究院，院里人也说不清他家住哪幢楼，说他妻子在管庄幼儿园工作，可以去问。找到幼儿园，孩子们已放学，传达室提供信息：他家住东里二楼504室。

终于找到了。

王华业提着礼品，敲开门，李处长不在家，夫人不认识他，他送上礼品，自我介绍。夫人热情接待，让座、倒茶。彼此无话可说，7点钟，李士林回来了。

李士林看到王华业坐在他家中，感到很意外，赶忙上前握手，王华业说：感谢处长对本厂大力支持，早就想进京表示谢意，只是穷忙，抽不开身。李士林说：你们干得漂亮，不容易，很不容易！

李士林拿出一瓶酒，吩咐妻子搞几个菜，两个人边吃边聊，都是本行的事，谈得很投机。

王华业在京城别人家中吃饭，这是第一次，主人的身份，主人的热情好客以及一见如故的真诚，使他感到温暖和欣慰，谁说"高处不胜寒"！

告别的时候，王华业请李士林打个电话给黄老总，明天上午登门拜访。

黄老总的家他是认识的，到达的时候，门开着，黄老总正在看书。

他三步并两步，走到桌前，将礼品放下。

黄老总看着他说：来了就好，还带什么东西。

他像小学生做错事被老师罚站一样，一时无言以对。

黄老总抬起手，往下略按一下，说：坐。

王华业坐下，定定神，鼓足勇气说：此次进京，想请您方便的时候到海安视察，产品虽然通过鉴定，自我感觉还有很多不完善之处，希望得到您的指点。我们厂处于农村一隅，孤陋寡闻，想请您做一次学术讲座，让职工们开开眼界。

黄老总眉头舒展了，点点头说：你们海安是我们推广预加水成球技术试点地方，当然要去的，去了看看你们厂，没问题。

王华业立即站起身，恭恭敬敬鞠了一躬，说：谢谢老总。

告别黄总，黄总送到门口。

王华业长舒一口气。

预加水成球技术的运用，为中国水泥生产登上一个新台阶，原来立窑水泥只能生产325，使用新技术以后，可以生产425、525标号水泥。

国家建材局为了推广新技术，发出通知，搞创优活动，采用新技术的厂家全部在江苏，共5家。王华业与副厂长张斗发全力以赴，因为5家中，大公是唯一乡办厂，其他都是国营大集体。国家建材局产品质量检测中心进行样机抽检和资料审查，最后评定双楼和大公两厂并列第一。

黄有丰总工程师的工作中心就是扩大新技术的影响，他总结出立窑水泥生产的14项新技术，其中有4项是王华业提供给他的：微机预加水成球、小球煅烧、微机配料、立窑保温。

一天，黄老总打电话给王华业，说是到他们厂讲课。王华业喜出望外，立即派车去接。

黄总整整讲了一个上午。下午要回北京，王华业给他2000元，算是讲课费。黄总说：按规定，我的讲课费是每小时200元，你给我800元吧。

王华业说：讲课不能光看时间，还要看质量。再说，会计室已经走账了，你不收我不好办。黄总只得收下，并且说，下次我来讲课不收钱。

又有一天下午，黄老总突然打电话给王华业，说是他要出版书，出版社只收印刷费，要6000元，问厂里能不能赞助？王华业在电话中一口答应：没问题。

时隔半年，出书之事没有下文。王华业忍不住了，打电话给黄总，询问此事。黄老总说：我是试试你的心，不是真要钱。王华业急了，说：黄老总，您是业界泰斗，不能说话不算数！我的钱早就准备好放在那里，您不要也得要。黄老总哈哈大笑：我懂得你的心思，要我收你为徒，我照办就是了。华业呀，你脾气跟我很相似，钉是钉，铆是铆。咱爷儿俩合得来。

王华业说：老爷子，我要专程进京，行弟子之礼。黄老总说：行，什么时候来都行。

从此，王华业到北京，自由出入黄总家门。师徒二人在全聚德吃烤鸭，200元一只，吃不了，王华业吩咐服务员打包带走，就像在家一样。

王华业拜师，对他学术水平的提高和事业的发展起什么作用？写一本书的材料绰绰有余。业外人士也是容易理解和想象得到的。譬如你在丛林中行走，山重水复，疑无路可走。来个山中采药人，指点一下，曲径通幽，幽尽头，柳岸花明。譬如你要登上高山之顶，还有几公尺的悬崖峭壁，筋疲力尽。忽然顶上有个人在向你招手，并且伸出手来拉上一把，你就一跃而上。

王华业后来成为水泥机械行业有影响的专家，黄有丰就是指路和拉一把之人。

第九章 立 窑 之 恋

1987年，改造型预加水成球技术装备通过鉴定，王华业特地去一趟北京，感谢国家建材局的强有力支持。

在技术处处长李士林家里喝酒，李处长问他：下一步什么打算？

王华业说：希望局领导能高抬贵手，让我们成为建材设备生产定点单位。

当时全国大势，改革开放已成基本国策。但是，计划经济仍占主导地位，乡镇企业不在"计划"之中，生存危机始终存在着。国家建材局经过研究，王华业的愿望实现了。

下一步干什么？他目标明确：窑！

为什么会萌生这一目标？

在调试改造型预加水成球设备的时候，王华业从早到晚，窑上窑下跑得不歇，对窑的机械结构、各种零部件、锻烧原理和操作技术等等心中有数，于是做出一个大胆决策：造窑。

厂内干部、职工得知这一信息，群情振奋，个个摩拳擦掌，决心打胜这场硬仗。

南通市建材局副局长刘元生也得知消息，一天下午特地来到海安宾馆，对王华业说：双楼建机厂产值1200多万元，也想生产机械立窑，考虑再三，还是没有上马。你们产值还不到400万元，规模实力都比双楼差得很远，搞得不好，跌倒了就爬不起来，你厂长也当不成了。

刘局长与王华业打过多次交道，他们既是业务上下级关系，又是要好的朋友。忠言逆耳利于行，良药苦口利于病。王华业说：我非常感谢领导的关爱和提醒，风险肯定是有的，不冒风险企业也不可能做大做强。我愿将您的话当为警钟，警钟长鸣，可以少犯错误。

动员誓师大会召开了，乡党委书记在会上讲话，王华业当场立下军令状。

攻坚班子建立起来了，王华业负责机立窑生产和调试；蔡家宽任生产组长；陈玉楼负责控制装置。

天随人愿，一个难得的机会来了，业务员丁加林打听到山东嘉祥二水进行立窑改造，王华业立即奔赴山东，与曹明武厂长签定了合同。

"天上掉下个林妹妹"，曹明武就是王华业的"林妹妹"，对于海安县建材设备厂生产机立窑意义非凡。

曹厂长的水泥厂在使用预加水成球技术后，急于扩大产量，要由原来的 $\phi 2.2$ 改制成 $\phi 2.5 \times 9m$，这样，大公厂生产出来的机立窑就不是原来的产品了，又是一种"改造型"！投放市场，竞争力强是可以预见的。

曹明武是山东人，性格豪爽，不搞弯弯绕，知道王华业的实力和技术水平，王华业说什么，他听什么，双方配合默契，人和是事业成功的重要因素啊！

王华业带领他的班子，夜以继日，不到两个月，改造工程基本结束。

准备试车，曹厂长提出立窑底料用碎砖垫一垫，加了不少碎砖。晚上试车，大小不等的砖块从塔箅卸出，挤塞水平料封管中，用铁棒捅也捅不出来，无法卸料。

第二天早上天没亮，王华业就来到曹厂长家，讲明发生的情况。曹厂长说：没事，没事，叫人将上面的盖子割开，取出料封机中的砖头就行了。

这种破坏性措施王华业是不会主动干的，尽管彼此关系好，不会在细节上计较。

试车运转基本正常，然而结果却很糟，改造后的还没有改造前的产量高。

沉重的打击！

曹厂长脸色阴沉，一言不发。

王华业一筹莫展，无路可走。

试车现场，双方人员鸦雀无声，静得让人喘不出气来。

沉默，沉默……

不在沉默中爆发，就在沉默中灭亡！

王华业在机窑上猛地踢了一脚，狠狠地骂道：你他妈的跟老子耍脾气，老子不信制服不了你！

他走到曹厂长面前说：俺们是生意场上的合作伙伴，也是可信赖的朋友。对不起伙伴和朋友的事不会做！改造成功，喝酒！改造失败，赔偿！

掷地有声的话语立即改变现场的气氛，点头的，小声耳语的，还有零星掌声。

曹厂长拉着王华业的手，说：我信任你。

治病先要找到病因，然后对症下药。

王华业带领陈玉楼、蔡加宽参观调查几个使用立窑水泥厂家，最终找出症结所在：ZL 型机立窑熟料难于卸出，原因在于转摆 34°，每小时 51 次，转速只有 9.6r/h，其他立窑转速 13~15r/h；原来 ZL 型窑功率小，只有 7.5kW，其他机立窑 30kW。

三人经过研究，决定拆下油泵，到上海油泵厂求援，曹厂长没有疑义。

王华业将使用情况向上油厂交换，上油厂技术科的同志与他们意见一致：选型有误，功率太小，出油量太少，往复次数少，动作慢。技术科同志拿出选型说明书给他们。

怎么选型？三个人心中无数。

整整两天，终于将计算公式搞清楚，技术指标重新核定：选用 50 公斤油泵，配套功率25kW。

回到山东，在嘉祥二水安装后，往复次数达90次/h，最高转速17次/h，产量提到8t/h。

成功了！皆大欢喜。

曹明武一板正经地对王华业说：王厂长，你说话算数吗？

王华业说：那当然，大丈夫一言九鼎，岂能当儿戏！

曹明武接着说：成功了，喝酒！失败了，赔偿！喝酒，该是我请吧？

王华业笑笑说：那当然，你不请，我还要呢。

主客两厂十个人正好一桌。

曹明武致祝酒词：这是庆功酒，大家要尽兴，但不喝醉。俺们山东人待客，酒好丑，无所谓。今天吃的是汾酒，在北方有点名气，比起南方的茅台、五粮液，那就不值一提了。俺讲诚意，什么是诚意呢？就是喝酒规矩。规矩是什么呢？主客轮流，各喝三杯，这是一巡。六巡过去就不喝了，这叫六六大顺。

说着，他一口气连喝三杯。

酒单独放一桌，6钱的小杯满满一桌，轮到谁喝，谁就自动站到酒桌前。

一巡每人1.8两，六巡共1斤零8钱。对于酒量大的人尚可忍受，王华业、陈玉楼、蔡加宽虽然都是交际场中人，但酒量实在有限，都被放倒了。

放倒也是愉快的。酒入愁肠愁更愁，酒入欢肠做梦也是香的。

ZB型机立窑通过鉴定，以副厂长王家安名义申报的专利也获得批准。海安建材设备厂又增加一个拳头产品，供不应求，原来订货合同价格加上5万元，用户也没有意见。

更加风光的是，庞然大物ZB型立窑出国了。

广西销售员丁圣学告诉王华业，广西建材局设备科长王广生有个朋友在越南承包一条年产5万吨的水泥生产线，想找一个设备厂家总承包。

王华业立即与丁圣学奔赴广西南宁。

原来是西南贸促会在越南延林省 X18 厂谈的项目，经过协商，双方签定总承包合同。

X18 厂是越南军方办的水泥厂，质量要求高，时间不得延误。中国的机械立窑第一次出口国外，王华业肩上的担子是沉重的。

炎炎的夏天，建材设备总厂干部职工挥汗如雨；凉爽的秋天，车间里夜以继日；寒冷的冬天，工作现场热气腾腾。第二年春天，所有设备齐全，十几辆卡车排成一条长龙，向南通港进发，然后登船，驶向越南。

到了目的地，开箱验货，一件不少。

建材设备总厂派出专家组组长周时宏，成员崔小华、王水清，在 X18 厂指导安装，整整一年，安装完毕。X18 厂没有一线操作技工，鹏飞集团又派出经验丰富的师傅，边操作，边带徒弟，直到该厂能够熟练地独立生产才离开。

在一年半时间里，王华业三次去越南。

人生没有见过的东西没有经历过的事情都会产生猎奇心理。他 20 世纪 80 年代初，第一次坐飞机，那种腾云驾雾的感觉美妙极了，终生不忘。到越南，第一次出国，同样怀着美好的期待。

踏上越南国土，他忽然产生似曾相识的感觉，除了山，那茅草屋、杂树、野草、小河、还有田间小路走着的三三两两的人，酷似儿时的家乡。一种感情油然袭上心头：我们的紧邻，就是我们的兄弟，就是自己的父老乡亲。

他对专家组的同志们说：你们要意识到自己肩上担子的沉重，企业的信誉和形象不能受到任何伤害。你们要尊重 X18 厂领导和所有员工，只有懂得尊重别人的人才能得到别人的尊重。

他对技师们说：你们是来当师傅的，我年轻时跟师傅学过机械，受训斥挨骂是家常便饭。你们在异国他乡，不能这样做！在传授技术方面，要像孔老夫子说的：诲人不倦；在对待学徒方面要有仁人之心。

越南山罗水泥厂厂长为王华业董事长（右）颁发奖励证书

X18厂厂长黎中付，中校军衔，办事雷厉风行，对建材设备总厂安装和培训人员的工作非常满意，见了王华业就说：中国人，好！好！他喜欢喝虎牌啤酒，招待的时候，嘴里不停地说：王头，虎牌，加满加。

越南引进中国的第一条机立窑水泥生产线投产成功，产量高，质量稳定，品种好，黎中付当选为越南水泥协会副会长。

一花开放，香飘千里。

越南X519厂、X88厂、嘉莱水泥厂、柴山水泥厂、罗轩水泥厂、常顺水泥厂、江肯水泥厂、和平水泥厂、粮食水泥厂、山罗水泥厂、太原水泥厂等相继引进，短短几年时间，海安建材设备厂出口越南的机立窑生产线达14条，水泥大量缺口的邻邦，基本解决了难题。

王华业数次往返越南，认识的翻译多，结交的朋友多，越南建材设计院邀请他做学术报告，他编写数套水泥生产资料，越方翻译成越文，散发全国水泥厂，他成为越南水泥界公认的专家。

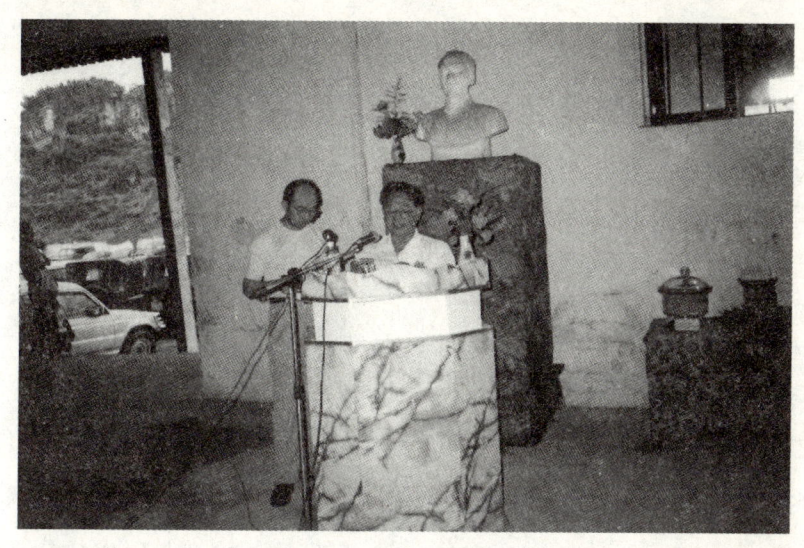

王华业董事长在越南做学术报告

当初，王华业决定生产机立窑的时候，确实是一步险棋，天生一个仙人洞，无限风光在险峰。实践证明，他的决策是正确的。企业的规模越来越大，产值都是成倍增长，效益也是成倍翻番，大公建材设备总厂跻身全国水泥机械生产第一梯队。

他望着机立窑，汗水、疲劳、烦恼……统统被成就感驱得一干二净，眉宇间写满了笑意。是的，成功者有权利享受着喜悦和欢乐。不过，了解王华业的人，就会从他的笑意中领略到另一种表情：沉思。

下一个目标！

第十章 对簿公堂

　　1993年，大公乡党委和海安县发改委经过认真调查研究，决定组建江苏鹏飞集团公司，以海安建材设备厂为龙头，包括大公机电站、王院五金厂、高墩五金厂、永利除尘器厂、河北焦化厂等。把企业优化整合，做大做强，更具竞争性，决策是正确的。

　　成立大会在南京华东饭店召开，出席会议的有国家建材局总工程师黄有丰、处长李士林。南通市建材局局长刘元生、海安县人大主任吴庆云、海安县副县长包松鹤、海安县党校校长袁金官、大公乡党委书记滕永明。

　　王华业任董事长，他代表董事会做组建集团情况汇报，热情洋溢地展望集团的发展前景，会场报以热情掌声。

　　突然之间，他成为举国闻名的新闻人物。

　　是因为当上集团公司掌门人吗？

　　不是！当时全国集团公司有的是，不算新闻。

　　是他又有什么惊世骇俗的发明创造吗？

　　也不是！行业的发明很难吸引社会的共同关注。

　　在董事长的宝座上屁股还没有坐热，他就被人告上法庭，从此陷入旷日持久的官司之中。

　　告他的人是南京建材设计院高工冯兆年。涉及到知识产权纠纷，当时是很新鲜的，知识界、法律界、新闻界，都来劲了，有关单位领导也纷纷卷了进来。

王华业与冯兆年有过几次合作，不存在金钱问题，双方还成为朋友。问题出在海安建材设备厂南京办事处身上。

1991年，冯兆年找到办事处王圣伯，要求签订ZB型机立窑技术转让协议，其内容为每销售一台按4%的销售额提取费用，王圣伯没有请示王华业，就糊里糊涂签了字，上了冯兆年的圈套。

农民办工业，因为不懂关门过节，吃亏上当是常有的事。

如果按照协议的条款办，海安建材设备厂生产机立窑就是白忙了，等于帮助冯兆年赚钱。

王华业不知道协议之事，只知道冯兆年隔三差五就跑到厂里要钱。想到厂里确实拿过冯兆年ZB型机立窑部分图纸，就同意给些钱了事。为此，总账会计王文钿还怀疑王华业与冯兆年联手从厂里套钱。

冯兆年先后从厂里拿走28万元，两种规格不全的图纸，根本不值。可是，人的私欲是不会有满足的时候，他看到鹏飞集团公司横空出世，王华业任董事长，认为发大财的机会来了，一纸诉状告上法庭。

南京中级人民法院通知寄到厂里，要求厂方在规定时间到经济庭调解经济案件。

集团法律顾问汪明代表王华业应诉。

法庭上，法官问这问那，汪明一一作答。当问到有没有带法人委托书时，汪明说：董事长出差在外，来不及办。法官大怒：没有委托书，你来干什么？这是藐视法庭！冯兆年得势，暴跳如雷：法盲！骗子！

未过几天，冯兆年带一帮人到大公，没商量，一路到集团公司封大门，另一路到大公信用社封账户。王华业见状，立即向县法院报案，向司法局报告。

不到半小时，法院蒋九才庭长、司法局姚杰局长赶到，蒋、姚、王在大公建筑站楼上成立临时指挥部。

蒋庭长和姚局长叫王华业不要出面，因为当时社会上出现一种现象，碰到企业与对方发生经济纠纷，对方就抓法人代表，逼企业拿钱赎身。

工厂门口围几百人，要封门的，不准封门的，围观的，各说各的理，极其混乱。好在都没有动手，如果打起来，后果不堪设想。

三个人临时指挥部所在地，正对厂门口，他们采取静观其变的策略，直到下午5点钟，冯兆年、南京法官、南京律师等人，找不到法人代表，无法执行，只得灰溜溜地走了。

过了几天，南京中级人民法院又来通知，开庭审理。王华业请教县法院和司法局，采取反诉策略，他们立即向江苏省高级法院递交反诉书，案子拖下来了。

冯兆年见不能速战速决，又来一招：以南京建材设计院的名义召开新闻发布会，参加的记者来自：科技日报社、新华日报社、工人日报社、扬子晚报社、光明日报社等。

冯在会上信口雌黄，说王华业是地地道道的农民，目不识丁，用别人的专利不给钱，是个典型的无赖。希望记者主持正义，为知识分子的正当权益声张。

南京产品质量监督管理所陈燕平工程师听到冯兆年胡说八道，非常气愤，他对ZB型立窑检测情况了解，特地到海安，对王华业说：冯兆年召开记者会，你们也能开，别让他一手遮天。

海安县科委主任崔广太支持陈工意见，邀请科技日报社驻南京记者站王记者来海安，县委副书记刘景石接待王记者，将真实情况讲明。王记者认为双方都有一定道理。

陈工有个朋友孙志健，任江苏省政府《大政报》主编，听陈工反映后，立即表态：海安方可以开记者会。

参加鹏飞集团召开记者会的新闻单位有：新华日报社、光明日报社、工人日报社、法制报社、科技日报社等。王华业在会上将ZB型立窑图纸、生产、鉴定、推广全过程通报清楚，讲明冯兆年申请专利的时间和签订技术转让协议的内容。记者们意见基本一致，各有道理。控诉双方在争取舆论支持方面打个平手。

时光荏苒，转眼到了年底。农户们杀猪宰羊，过年气氛渐浓。每逢这个时候，王华业总是记住帮助过企业的外界朋友，送点礼物表示节日的慰问。

今年，他决定亲自去一趟南京，看望过去的朋友、现在的官司对手冯兆年。

他对冯兆年很失望，过去打交道，也碰到钱的问题，彼此没有红过脸。突然之间，怎的就翻脸不认人？冤家宜解不宜结，主动上门，或许会感动对方。

腊月二十九，他带着两只羊壳、一副猪蹄膀到了冯兆年家门口。

敲了好一会门，冯兆年才开门让他进去，冯兆年的老婆也在家，对王华业连招呼都不打。三个人都不吭气，僵持一会，婆娘一手叉腰，一手指着王华业数落道：我家老冯这台窑是世界先进水平，放到国际上，转让费用上千万元。你们这些目不识丁的土包子，懂得什么？我家老冯发明这项技术绞尽脑汁，你认为像放屁那样容易。

她侮辱性语言激怒了王华业，王华业气呼呼地丢下两具羊尸体和猪蹄膀，走出冯家，头也不回。

开弓没有回头箭，官司必须打到底。

利用春节放假的几天休息时间，王华业决定找一个人，讨教胜诉之路。

这个人就是海安县科委主任崔广太。

崔主任是上海交通大学毕业的老牌大学生，在海安科技界享有很高威望。

新年上门，带点小礼物是应该的。王华业刚出现在崔家门口，崔主任就满面笑容迎上去，彼此互祝新年好。崔夫人是中学教师，急忙敬茶，捧上水果，还有花生、瓜子之类。

王华业首先感谢科委多年来对企业的支持，然后就直奔主题。

崔广太沉吟良久，说：你们的情况我是清楚的，怎样打赢这场官司，我也考虑多时。唯一的办法是采取釜底抽薪之计。

王华业一时难以理解，双目茫然。

崔广太接着说：你们已申报实用新型新专利，如果申请撤销冯兆年的老专利，得到批准，就不存在什么技术转让的问题，协议也就成为一纸空文。

王华业猛地醒悟过来，一拍大腿：高！高！高家庄的高！

按计行事。

王华业、陆聪明、汪明、姚杰一起上北京，到蓟门桥国家专利局复审委员会窗口，要求对专利无效进行复审。答复是：要找代理律师，蓟门桥下有一家专利代理律师事务所，找他们就行。

找到律师事务所，接待人询问何事，王华业将情况讲明。接待人进入里间，一会出来说：我们领导请你们进去。

领导人姓赵。老赵说：你们在外间谈，我都听到了，你这个人讲话挺老实的，这个案子我们接了，但不打包票能赢。王华业问：代理费多少？老赵笑笑说：官司了结，你们给点钱就可以。

不久，专利局复审委员会通知寄到大公，进行第一次书面答辩。

中国知识产权保护刚刚开始，专利法也刚刚公布。王华业对此很生疏，心中忐忑不安。

海安组织一个答辩代表团：县法院蒋九才庭长、司法局孙志学局长、科委崔广太主任、陆聪明科长、汪明律师、海安县党校校长袁金官。

在去北京的路上，蒋庭长对王华业说：董事长，我们虽然做法律工作，但这种官司谁也没有打过。一切的一切，你要拿主张，不能依赖。

提醒是非常及时和必要的，王华业找律师事务所，询问审理程序。代理王律师说，书面答辩三次，最后面对面口头答辩，一锤定音。

海安方面兴师动众，派不上用场，所有答辩只能由集团公司负责。

书面答辩就是原告被告双方通过文字、图纸等书面资料，进行较量。彼此不见面，但可以看到对方答辩书，评审委员会根据答辩书判定胜败。

第一轮，王华业失败。

第二轮，王华业失败。

第三轮，王华业失败。

冯兆年确实有歪才，无中生有的资料，张冠李戴的资料罗纳在一起，显得证据确凿；先进性和新颖性这些很难解释清楚的问题，他说得头头是道。王华业自愧不如。

剩下最后一个程序：口头答辩。

冯兆年认为官司没有悬念，评审委员会评委们也有同感。

王华业像职业拳击运动员，三次被对方击倒，三次顽强地站起来。他积累力量，最后给对方致命一击。

口头答辩时，专利局旁听者越来越多，从几十人到200多人。

冯兆年请的代理人是江苏省专利局局长。

那位局长不过重复书面答辩的一些内容，没有新证据。

王华业答辩了，他不慌不忙，胸有成竹，摆出四条证据：1、中国三种机立窑总图全部呈现出来，讲明结构原理；2、将ZB型转摆窑的传动装置和观察孔通过图片表达得清清楚楚；3、将平湖机械厂卖给海宁水泥厂的一套印章齐全资料呈给复审委员会；4、将产品鉴定结论"达到国内先进水平"和专利上规定的新颖性进一步阐述清楚。

铁的证据使得冯兆年的代理哑口无言，他无奈退出会场。复审委员会张主任宣布：江苏鹏飞集团公司胜诉。冯兆年无力承受沉重打击，当场晕倒在地。

相隔几天，冯兆年的辩护人江苏专利局局长捣鼓到一张专利证书，冯兆年以为抓到救命稻草，向北京市中级人民法院上诉。法院庭审时，冯兆年拿出证书为证。鹏飞集团拿出国家专利局颁发的实用新型专利证书，摆出数条证据，证实ZB型机立窑新的传动装置是本厂的科研成果。法院判决冯兆年败诉。

从北京回到南京，南京市中级人民法院也要庭审，没有任何悬念。判决时，王华业向法庭提出：鉴于冯兆年曾经是本厂合作伙伴，愿意赠送5万元贴补他诉讼费用，如果冯同意，就写进判决书中，冯当然求之不得。开庭现场向全南京市电视直播。冯兆年妄想发大财，最终美梦破灭，自讨没趣。

历时两年多的知识产权官司终于画上句号。

胜诉的消息传到海安，大公人欢呼雀跃，将他视为英雄。县领导相当重视，常务副县长晨阳找到他，说：王董事长，你干得漂亮啊！要好好总结，准备向县委领导汇报。这场官司，不仅仅是你们企业的事，对全县各企业都有十分重大的意义。

晨阳同志是南京大学老牌理科毕业生，在分工抓工业的实践中，深深体会到乡镇企业是何等艰难。

一天下午，县委县政府特地召开王华业汇报会，县委有6个常委参加。

接到晨阳指示后，王华业就在酝酿汇报内容。他知道官方文件和开会讲话基本上是开中药铺：甲、乙、丙、丁。他回忆打官司的前前后后，列出汇报提纲：1. 友好往来；2. 无原则纠纷；3. 寻求法律依据；4. 维护合法权益；5. 保护集体财产；6. 感谢领导及各界好友支持。

汇报会上，他依次讲述诉讼过程中发生的真实情况，个别领导有不清楚的地方，他做出简单解释。

讲到第6点时，王华业动情地说：这场官司不是我个人与冯兆年之间的私人官司，他要维护的是私人不正当的利益，我维护的是正当的集体利益。得道多助，失道寡助。书面答辩失败的时候，我想到的是：不能倒下！父老乡亲看着我，家乡领导看着我，个人的智慧和才能只有与集体紧密联系起来，才有力量，才能无往而不胜；反之，老是打个人小算盘，想歪点子算计人，失败是迟早的事，这就是我从中悟出的道理。

与会领导报以掌声。

冯祖祥书记代表县委县政府讲话，表扬了王华业无私无畏的精神，强调全县各企业要增强用法律保护自己的意识。

从海安回到大公家里，贲友兰说：书记大人回家啦。

王华业望着她，问：你叫我什么？

贲友兰说：大公传开了，说你当上镇党委副书记，文件刚下达的。

王华业笑了笑。

第十一章　旋窑之举

机立窑成功后，王华业的下一个目标是什么呢？

还是窑！不过，此窑非彼窑。

机立窑生产水泥是中国的发明创造，解决了那一时段中国水泥紧张的供需矛盾，写下了辉煌的一页。

从全球的眼光看，它已经落后了。

随着改革开放的不断扩大和深入，国家建材局的决策是购进外国先进的新设备，消化吸收转化为国内生产技术。天津、合肥、南京、成都四大设计院承担消化吸收任务。

黄老总透露给王华业一个信息：江苏邗江水泥厂引进日本 $\phi 2.4 \times 40m$ 五级预热器回转窑水泥生产线。黄师傅对徒弟关爱有加，到邗江考察时，带着王华业同行。

从此，王华业被"东洋魔女"缠上而不能自拔。

"林妹妹"曾经为海安建材设备厂立下汗马功劳，乡办厂一跃而成全国建材行业一流企业。见好爱好是人之本性，王华业最为典型突出，他决意抛弃"林妹妹"而娶"东洋魔女"。

娶"东洋魔女"，"婆婆"同意吗？

乡镇企业，顶头上司就是镇党委和镇政府。

王华业与本届党委书记有一种难言的纠结。

在那次南京华东饭店鹏飞集团成立大会上，有一段局外人不知的插曲：会议召开前，国家建材局黄老总等人得知董事长是镇党委书记时，立即表示反对，认为党政负责人兼任企业法人，政企不分，企业是不可能搞好的。如果海安方面不改成命，他们就退出会议。

出席会议的县领导人立即打电话向县委回报，县委书记冯祖祥立即召集在家的几个常委研究，决定重新任命王华业为董事长，亲自签署任命书，任命书电传华东饭店，会议推迟近两个小时。

此事纯粹是组织行为，与个人无关，但当事者怎么想，谁知道呢？

鹏飞集团包括6个单位，县领导考虑到王华业能名正言顺领导，在乡改镇选举镇政府领导班子的时候，安排他为副镇长候选人。不料落选了，县长卢玉林接着就下达聘书，聘任他为镇长助理。或许镇长助理分量太轻，后来，县委研究后决定，任命他为大公镇党委副书记。

在大公这块土地上，王华业可谓风头出尽了。

树大招风，木秀于林，风必摧之，王华业懂得这个道理。他对名誉地位，一向淡然处之，无论头上有多少光环，他只能是水泥机械的干活，能让他放开手干就心满意足了。

上回转窑项目，他秘而不宣，集团内外没有一个人知道。

1993年春，南通市召开人代会，适逢家里砌新房，开会要紧，砌房之事都交给妻贲友兰张罗。突然，县人大主任吴庆云对他说：明天你家新房上梁，你坐我车回去一下。

上梁的事办完，回到南通，觉得吴主任很能体贴人，就将闷在心里的愿望向领导吐露。吴庆云听后很高兴，表态说：好啊！发展是硬道理。开完会我就去大公，跟你们党委政府商量落实的事情。

吴庆云也是个说干就干的主，从南通回海安的第三天早上，打电话给王华业，叫王8点钟在大公路口等。

路口属王院6组，就是王华业家所在地附近。

见面后，吴主任问：你有没有向滕永明书记汇报？王华业说：没有。早讲传出去惹麻烦，牵涉到征地，农民你一嘴他一言，众口难调。

吴庆云拿出手机，拨通电话，向滕永明讲明来意。滕永明说：我不知道啊！吴庆云说：我也是刚知道的。今天来，想请你和唐镇长还有工办的几个主任一起商量，地点就在王院6组。

吴庆云是老干部，长期在乡镇当主要负责人，又在县级当了多年副职领导，现职人大主任，亲自到基层办公，镇上是不能怠慢的。不一会，召集的人一个不缺都到王院6组。

除王华业，其他人情况一概不清楚，吴主任让王华业主讲。

这是一个极好的宣传机会，他从国际讲到国内水泥机械发展新形势，讲到国家建材局的新战略，讲到全国建材科技精英的主攻方向。最后讲明：作为水泥机械生产厂家，抢占制高点是企业生死存亡的关键。领先一步，吃肉；慢半拍，喝汤；慢一拍，就会连汤也没得喝，接受淘汰的命运。

与会者默不作声，外行对于纯业务事最聪明的办法是不说话。

过了一会，吴主任说话了，他问王华业：你手里能拿出多少钱上项目？王华业说：县委洪锦华书记拍肩膀拿走40万，县司法局、法院各拿走10万，加上对县有关部门的赞助，计100万左右。现在账上还有4000多万元。

吴主任一听，浑身来劲。问王华业：你要多少土地？王华业说：100亩。

大公工办一位副主任吃一惊，问：你要这么多地干什么？

王华业说：我要办一座现代化大工厂，起码20年不落后。搭一排茅草棚，今年搭，明年拆，这样的事我不干。

新的集团公司包括生产区、办公区，这两大区大家都清楚，我就不多说了。培训区，我们已经办了大专班，请高校教授讲课，目前机电班35名学员全部获得机电大专文凭，基本解决技术人员严重不足问题。我们以后还要搞全员培训，从农民到工人，各方面素质都要提高。娱乐文化体育区，工人不是简单的生产工具，必须满足他们的精神需求。绿化园林区，工厂如果只是建筑物、机器、产品的堆砌地，那是十分单调的，影响员工的身心健康，美化绿化也必不可少。

请各位领导算算帐，要多少土地？我提出的100亩还是保守的估计。

吴庆云主任拍板：征地的事不争论，滕书记、唐镇长牵头办。群众有意见，疏通引导；县里有麻烦，找我。

当时的工业形势，一江之隔的苏州、无锡工业发展如火如荼，而南通，明显落后半拍，市县两级领导压力很大，海安县委明确提出，凡是县四套班子正副职，都有责任把工业搞上去。吴庆云主任敢于拍板正是基于这一背景。

征地之事在县这个层面一路绿灯。县长秦厚德指示农业局进行工业用地与农业用地置换。抓工业的王秀和副书记亲自到土管局落实，局长孙启明说征用100亩必须得到省里批准，难度大时间长。王秀和说：再难你也得办，还要快。孙启明叫来王华业，叫他打三份报告到市，每份报告30亩，分三次报批，因为市里的权限是30亩。报告打好后，孙局长和王华业到市找人疏通，90亩报批手续顺利完成。剩下10亩好办，县土管局批不过是例行公事。

难办的事在大公。有位镇副职领导说什么王华业这个人野心大，将来整个大公都会被他吃掉。他无法阻挡，但做不少小动作，为征地造成麻烦。

人被名利迷惑，或者犯了红眼病，说话做事就失去理智。鹏飞集团属于谁？镇办企业，当然属于全镇人民。镇政府要用钱，找王华业，王华业不敢回个"不"字。不管赚多少钱，王华业也不能上自己的腰包，否则就得坐班房，这是人所共知的事实。企业要发展，理应上下一心，如果真的整个大公都属于鹏飞集团，在全国都是典型，华西大队就是一个企业集团，吴仁宝不过是个代表，他从来没认为是他家的私有财产，传之子孙万代。

最具戏剧性矛盾的是厂址选在王院6组。

他们的产品都是一些庞然大物，王华业的本意是厂址临近204国道，运输比较方便。可是村外的人议论纷纷，都说他是王院人，家乡观念严重，有意让本村人发财；而本村人则反对者众，说是农民靠土地生活，地没了，子孙后代怎么活呢？王华业真正成为猪八戒照镜子——里外不是人。

6组土地总共不到200亩，征用超过一半，牵涉到许多家庭，切身利益谁不顶真呢？当时王院村支部书记贡成斌在征地问题上态度明确，他性格直爽，工作方法比较简单，在动员会上讲了发展工业的好处，要求各家各户无条件支持，其中有句话不中听：哪个人出来闹事，就送他进派出所！少数性格刚烈的刺头放出话来：不达到条件，我就闹！上派出所怕什么？！坐牢还要给饭吃。

王华业想到吴庆云主任的嘱咐：群众有意见，要耐心疏导。就和王院村总账会计王华林，将所有征地户集中起来开会，对大家说：我和在座各位一样，祖祖辈辈种田，面朝黄土背朝天，一年苦到头，温饱问题还不能解决。俗话说：三世修不到城角落。现在不当农民当工人，不被日晒雨淋，拿工资，旱涝保收，有什么不好呢？今天，王院村的总账会计王华林同志也来了，要每家每户当面算清账目。征地上面有政策，政策是死的，执行政策的人是活的。只要不是狮子大开口，乡里乡亲的，我王华业能计较吗？请乡亲们也要为我想一想，厂办在王院6组，压力大啊！整个大公都在议论，批评我家乡观念严重，做人难啊！你们支持我，就是支持鹏飞集团，也是支持自己，因为你们也是集团大家庭中的一员，怎么做？大家看着办吧。

群众绝大多数是通情达理的，个别想闹事的见没有市场也就偃旗息鼓了。

征地的坎过去。

生产回转窑的坎多着呢。

图纸到哪里去找？本厂的设计人员没有一个人搞过，怎么设计？实施回转窑成套项目，要一窑三磨（原料磨、水泥磨、煤磨），每一项都难度大，技术要求高，怎么解决？

一大堆难题摆在王华业面前，他不怕，因为有强大的后盾——黄老总。

黄有丰与王华业的师徒关系，他们俩人心照不宣。对外，黄称王"小老弟"，王称黄"黄老总"。全国水泥机械方面的技术人员对黄有丰没人敢直呼其名，大家的共同称呼就是"黄老总"，就象朱德总司令，人人习惯称"朱老总"，既尊重又亲切。而黄称王为"小老弟"，是最高的奖励，既是业务技术方面的肯定，又是人品方面的赞赏，比起王华业获得的一大堆荣誉证书还要宝贵，人生得一知己足矣！

王华业乘上北去的列车，直奔黄老总的家。

他向师傅汇报征地的前前后后。

黄有丰很高兴，说：有气魄！要我办什么事，说！

王华业首先提出厂里的技术人员不懂回转窑，没法搞出图纸。黄有丰说：这好办，我请陕西延河的孙宝书总工程师帮你们培训。

他又提出大磨没有技术和图纸。黄有丰说：这也好办。天津院有位中国第一磨机专家王滁东，我请他帮忙。说着，拿起电话，拨通王滁东手机：王工，我的小老弟鹏飞集团王总要做大型球磨机，请你帮忙。王滁东回道：我现在在昆明，你黄老总下达的任务保证完成。

黄有丰将电话交给王华业，叫他与王工直接通话。王华业接过电话说：我是王华业，想请您当我们的技术顾问。王滁东说：刚才黄老总说了，我已经答应，等我回天津后再与你联系。

干事业的人不会转弯抹角、东拉西扯拖延时间。

王华业回大公，立即派贲道春、朱纯、郭文武等人去北京，经过一个多月培训，这些青年技术人员学会回转窑设计，全国生产厂家能够自行设计只有2~3家，江苏仅鹏飞集团一家。培训班结束后，孙宝书总工程师送一套回转窑各种规格型号汇编图册。从此，集团生产回转窑再不为设计而操心。

大磨专家王涤东很快被接到大公，王老巡视车间和生产设备后说：我现在设计出开流磨，你们可以做。王华业问：报酬怎么付？

那次历时两年多的官司他打怕了，即使遇到王老这样资深专家也是先小人后君子。

王老说：我年龄大了，只想技术传给年轻人。你们有朝气，有信心，我高兴。至于报酬多少，你们看着办呢，我是不会计较的。

王华业立即挑选近20名青年技术人员，接受王老培训。

王老不但集体授课，还单独辅导，效果很显著。喻群、周景、王冬生、贲道春、王云等人进步很快，为制造开流高细磨打下良好技术基础。

生产球磨机要有大型滚齿机、立车、落地车等，鹏飞集团先后从武重购买一台5m滚齿机，从俄罗斯购买一台8m旧立车，从无锡购买一台315落地车床，从天津购买两台 $\phi1.6 \times 10m$ 大车床，从武重购买一台 $75 \times 3200mm$ 卷板机，夯实生产大窑大磨的设备基础。

万事具备，只欠东风。

东风来了！销售员丁加林得到一条信息：巢湖散兵水泥厂要上一条日产400吨新型干法回转窑生产线，这是全国第一条。厂长韩会棠害怕几千万元投入打水漂，提出两点要求：一、欠点账；二、提供生产线厂家所在地主要负责人担保。

王华业立即到县政府请求卢玉林县长辛苦走一趟。

这宗大买卖卢县长当然全力支持，二人驱车奔赴巢湖。

到了巢湖散兵水泥厂，戏剧性一幕发生了。双方坐下来交换意见，王华业将鹏飞集团生产回转窑的前后说了一遍，从黄有丰说到孙宝书，又说到王涤东，最后介绍鹏飞集团的现状。韩会棠厂长什么条件都不提，当场拍板：原料磨、回转窑、五级旋风预热器、增湿塔、水泥磨、煤磨都给鹏飞做，谈判顺利得出奇。

巢湖市人大一位副主任参加晚宴，卢玉林县长能喝一些酒，双方你来我往，数巡过后，谈话就热络起来，卢县长邀请主任到海安考察，主任欣然答应。

生产回转窑，鹏飞集团是第一次，王华业亲自精心安排，在动员会上下达死命令：万无一失！五级旋风预热器，垂直高度60多米，从土建到安装，工作量大，危险性高。当时没有汽车吊，只得用吊架扒杆吊，从工装设计到吊装设计、吊装操作、人员培训、试验，每个环节都慎之又慎。

制造安装结束，韩厂长发出邀请函，王华业带着礼物，一面大座镜，到巢湖参加点火运行仪式。

中国引进日本的第一条新型干法回转窑投产了，为水泥界提供好多技术数据，全国不少专家学者到巢湖参观研究，也纷纷到鹏飞集团考察。

中国建材装备总公司廉级三总经理（左四）来江苏鹏飞集团考察

不久，国家建材局在海安新澳门宾馆召开推广应用会，300多位代表出席，黄老总主讲，从此，回转窑在中国各水泥厂先后开花结果。

国家建材局黄有丰工程师（左第一）在新澳门推广应用会议上

王华业董事长在新技术新产品鉴定会上作报告

江苏鹏飞集团——大窑大磨旗舰。

王华业——改革大潮中的弄潮儿，被授予享受国务院特殊津贴的中青年专家；被国家人事部授予中青年有突出贡献专家。

第十二章 域外扬名

2000年5月,北京钓鱼台国宾馆,缅甸第一工业部部长吴昂丹与中国苏中平原的乡镇企业家王华业亲切交谈,语言的异同并不影响彼此的情感交流。

2001年10月,苏州喜来登宾馆,吴昂丹与王华业又见面了,吴部长说:我到中国来,除了公事要办,就是想见见你,跟你谈谈很开心。

一位是国家部长,一位是农民企业家,怎么结下了异国情缘?

他踏上邻国的土地,迎接的不是鲜花和掌声,而是不冷不热的面孔。

1997年9月,王华业乘飞机向缅甸进发,银鹰仰天长啸,他的心早已飞向那片陌生的土地。此次之行,既非旅游观光,也非受邀作客,而是对一项大型工程的实地考察。此前,云南省外经委和机械处有关方面牵线搭桥,鹏飞集团有意承担缅甸第二大水泥厂德耶厂的技术和设备改造任务,身为总裁的他自然要亲作考察和论证。

伊洛瓦底江可以称为缅甸的母亲河,正像世界各地一样,大江大河哺育着富裕和文明,德耶水泥厂就座落于伊洛瓦底江中游。王华业一行乘船向德耶而去,沿岸葱绿的椰林,偶尔出没的大象,穿着民族服装的异国男女,对他来说无疑是新鲜的、刺激的,不过,他的兴奋点一直无法转移,那就是德耶!

德耶水泥厂接待室,吴丁奥厂长望着王华业一行,神情淡然,闲聊两句就再无话可说了。人给人的第一印象是外貌,王华业貌不引人,偏矮的个头，微黑的面皮，跟千千万万的中国农民没有什么两样。吴厂长是以貌取人吗？不是！从他下面一个举动就昭然若揭了，他拿出一大把几十张名片给王华业一行瞧，通过翻译才明白他的意思：市场竞争是激烈的、残酷的，俗说"一家有女百家求"，哪里有钱可赚，哪里就会涌去一大群人，一大把名片，代表着白皮肤、黄皮肤、棕色皮肤的一群人，他们来时满腔热情，去后无影无踪。在吴厂长看来，接待王华业是毫无意义的。

千里迢迢，难道白跑一趟！在王华业的再三要求之下，吴厂长才同意他们到厂区察看。呈现在他们面前是一幅什么图景呢？一号回转窑筒体弯弯曲曲，轮带坑坑凹凹，托轮表面高低不平，像一条垂死的长龙静静地躺着；水泥磨筒锈迹斑斑，残缺不全；多年未用的选粉机浸泡在几十公分厚的水泥灰里……多年前的德国货现时几乎已成破铜烂铁。

怎么办？修补不如新做，推倒重来是容易的，但人家的要求是改造，旧设备和新设备的连接，旧基础和新基础的吻合，谈何容易？王华业回到住处后，经过数天反复论证，拿出了初步改造方案。

吴丁奥厂长接过方案，简直不相信自己的眼睛，他对鹏飞人刮目相看了。

数月后，一个电话飞到江苏海安，王华业二去缅甸，会商改造方案及实施计划和原则，吴厂长热情欢迎并通力合作，很快，实施方案呈报到缅甸国家第一工业部陶瓷工业局。

贵宾驾临，警车开道。王华业的肩上压着千钧重担。

1998年7月上旬的一天，王华业正在县城开会，接到省外事部门的电话，要他接待好缅甸第一工业部部长吴昂丹。外国要人亲临，这是大事，各级有关部门的周密安排自不待言，鹏飞集团上上下下的忙碌也是可想而知，因为吴部长此行的目的就是实地考察他们企业履行一号窑改造工程的能力。

17日，代表团从缅甸仰光飞抵上海虹桥机场，王华业早在上海迎候了，他与吴部长同坐一辆小车，从上海到江苏，一路上警车开道，长江三角洲的繁华景象深印在吴部长的头脑里,他说:在我看来,中国这一带不比日本差。

董事长王华业(右)与来访的缅甸工业部长吴昂丹先生合影留念

实地考察鹏飞集团以后,吴昂丹也极为满意,他挥笔留言:缅甸代表感谢贵公司给予我们此次机会。参观贵公司工厂和生产,我们对贵公司的工作非常满意,希望与鹏飞集团建立长期的经贸合作关系。

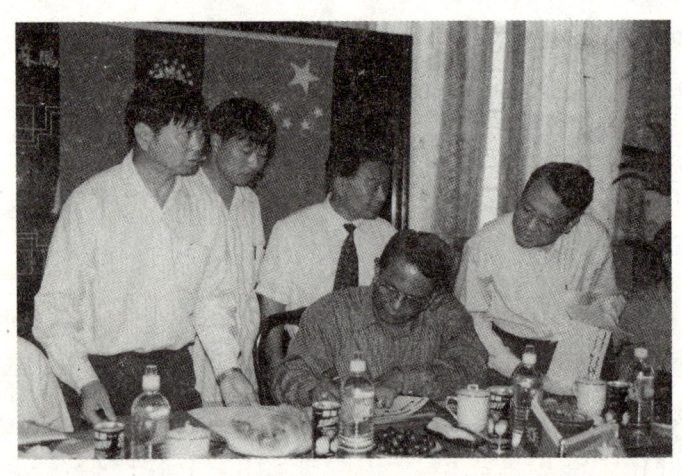

缅甸第一工业部部长吴昂丹(右二)在鹏飞集团考察时留言

恭迎贵宾的正剧结束了,还有一个小小的花絮值得一提。在接吴昂丹来厂行程的小车上,王华业两对眼皮不听使唤,居然亲热地拥抱在一起,鼻腔同时伴以"呼噜呼噜"的乐曲。驾驶员捅了他一下,瞪着眼说:怎搞的？你知道你身边坐的什么人么？他陡然惊醒，不好意思地说：失礼了。吴昂丹笑了笑：王总裁，做活计的时候可不能打瞌睡呀，你要是搞砸了，我拉着你见你们国家的领导人。

吴部长的话虽然带有玩笑意味，但分量是不轻的。德耶水泥厂的改造项目是经缅甸国会批准的，失败了，他这个部长当然难脱干系。

王华业决定啃德耶厂改造的硬骨头，有许多不为人知的潜台词。别人不干我干，不是可以提高企业的知名度吗？瘫痪的一号窑比邻是日本企业建造的二号窑，两座窑形成对比，让事实说话，哪家强？还有，此前，中国机械在缅甸所占市场分额很小很小，搞一个形象工程对打开市场不是很有利吗？

胆量和实力，远见和卓识是他决策的思想基础。

菩萨保佑，改造工程按时按质完成，试产一切顺利，验收一次合格。

鹏飞集团在水泥机械设备制造方面有什么优势呢？

如果从单项来看，他们算不上最优秀，比如设计，比起国内著名的设计院，能力和水平都有所不及。但是，他们机电仪一体化、运输、土建、安装一条龙服务很受客户欢迎，提高各个环节的质量就变成整体的工程质量优势。

身为集团的总裁，王华业又身兼德耶改造工程的总指挥，他对所有参加人员提出的口号是：万众一心，万无一失。

在设计方面，他们的要求是：结构合理、技术含量高、操作自动化。以技术为例，采用国内多项先进技术：液压挡轮装置、多通道燃烧器、窑头集中控制屏、模拟荧光屏、工业电视看火、红外线扫描、中卸粉磨等。为了使新设计的设备与德耶的旧基础紧密联接，王华业三去缅甸，每一个数据，每一道工序，都做到准确无误。

在设备制造时，一道道工序都反映了鹏飞人的素质，精确严谨，一丝不苟就是他们的作风。四通道燃油燃气燃烧器是他们研制的新产品，结构复杂，加工精度要求高，他们一边做，一边做试验，直到满意为止，几台大型设备从设计到制造仅用四个月时间，就从南通港运抵仰光。

更加艰难的任务还在德耶水泥厂那一头。鹏飞集团承担改造项目中的工艺、土建、水电设计任务，涉及到旧设备和旧基础的鉴定问题，面对一个烂摊子，很难做出取舍。王华业四临现场，以图纸对基础，逐项对照检查。在检查到1号墩子时，看到水泥层表面沾满油垢，细瞧油垢中透露着自上而下的斑迹，他断定水泥基础内有裂纹。1号墩承受窑头及多筒冷却机的载荷，再加上几百吨的动载荷，没有足够的强度是不行的。他向厂方交涉，厂方意见不一，吴厂长向第一工业部回报，工业部和工程部派来专家鉴定，确认王华业的意见是对的，他们向驻军求援，调用军队自动钻探机和自动凿岩机，钻、凿、爆破，去掉不牢固的基础，当然也就消除了隐患。

缅方限时限刻，必须在1998年9月6日前安装结束。这天下午，德耶水泥厂热闹非凡，在陶瓷工业局局长MG带领下，一批人先前到达，吴厂长忙里忙外，热情迎接相伴着对成功的期待。深夜，忙碌一天的王华业浸没在深沉的睡意中，被突然叫醒，要他去工地与MG一起拜佛、祷祝。入乡随俗，没有办法，他从清晨4时跪在大和尚面前，直到8时才结束，不敢打盹，只能默默地反复地念"阿弥陀佛"。

9时8分，MG举着浸满柴油的引火棉球棒，王华业打火点燃，两只火球送到窑内，点燃了堆放在回转窑内的棉纱，燃烧正常后，回转窑起动，慢慢地旋转，燃烧器连续不断地向窑内喷出条形雾状油柱，形成火焰长龙，20多分钟，窑内温度升高，燃油自燃，一切正常。操作工通知窑尾加料，料浆哗哗地流向计量桶。设备运转稳定，操作程序稳定，热工制度稳定，超过标定产量，超过日本造的2号窑。

10月底，由缅甸组织的专家验收团对工程进行检查验收，专家是精明的，挑剔的，但是，鹏飞人的设备和工作是过硬的，一次性验收合格，中缅双方怀着喜悦的心情共祝改造胜利。

至此，王华业心上的一块石头才落地，他是无神论者，却不由自主地吐出一句：阿弥陀佛，菩萨保佑。

一花催动百花开。

形象工程的威力是巨大的，短短的时间，整个缅甸建材机械市场90%被中国企业占领，鹏飞集团先后向缅甸出口6条回转窑生产线："三A"水泥厂中 $\phi 3.1/2.5 \times 78m$、$\phi 3.5 \times 145m$ 两条；虎头水泥厂 $\phi 3.0 \times 100.8m$ 一条；德耶水泥厂 $\phi 3.3 \times 118m$ 两条；象王水泥厂 $\phi 3.3 \times 125m$ 一条。中国机械进出口公司、技术工程公司、农业机械公司相继为缅甸的教舍、东技、坎南承建三条回转窑生产线。真是一花催动百花开，中国的建材机械之花开遍缅甸各地。

一年以后，缅方邀请王华业访问。

王华业决定接受邀请，再次踏上他熟悉的邻国土地。他知道，此行没有任务，轻松自在，身为一个企业集团的总裁，哪有游山玩水的闲情逸致！他的想法是：嫁出门的女儿不能当着泼出门的水，他要遍访使用他们生产线的厂家，听取意见，不断对产品进行改造。

德耶厂以贵宾之礼接待，吴厂长话不多，朴实无华：贵公司给了我们饭碗，我代表全厂向你们表示衷心感谢。王华业说：支持都是相互的，要不是你们通力合作，也没有今天的胜利。

该做的事做了，王华业突发奇想，他雇了一叶扁舟，漫游伊洛瓦底江，饱览两岸秀色。望着东去的逝水，忽然对人生有所感悟：一个人就像江河中的滴水，微不足道，但是，万亿水滴汇成大江大河就形成咆哮万里、惊涛裂岸之气势。一个农家子弟，如果不是赶上改革开放的大潮，如果不是凝聚所有职工的力量，怎能上演出蜚声国内、扬名异国的活剧来？至于个人的成败得失，真是不足挂齿。他是拥有数千万家当的掌门人，但至今仍住在农村，瓦舍与普通农家没有两样，家中陈设也平平常常，说来没有人相信。他淡然处之，一个人活着自有不同的人生轨迹，又何必在意别人说三道四。已近花甲之年的他，不会像中国历史的某些高人功成名就后隐性埋名，他的血管里流的是中国农民的血，看来，他的人生转了一圈后可能又会回到原地，过着自种自食的日子。

第十三章 探索之旅

首都机场。

银鹰昂首插苍穹，飞过莫斯科上空，直奔戴高乐机场。

机立窑在越南，回转窑在缅甸，大获成功，激发了王华业的野心，他要开发另一个国际市场。

越南、缅甸部队办的水泥厂都是通过中国远望公司签订的合同转包给鹏飞集团的。一天，远望公司的杨树山打电话给王华业，问他：中非国家要办水泥厂，有没有兴趣承包？

他是个嫌少不怕多的人，见了商机就抓，焉有不乐意的！他做好准备，还邀请江苏省建材局的黄伯清，交了3.8万元各种费用，于是，杨树山、王华业、黄伯清、翻译，一行4人踏上去中非的行程。

清晨，戴高乐机场到了，转机午后到喀麦隆杜哈拉机场。下机后，有人开着轿车接，杨树山介绍，此人是甘肃地质队在喀麦隆搞地质调查和地图绘制的队长。

轿车开到市区道口转盘处，速度降得很慢，因天气太热，队长将窗门打开，一位黑人突然扒住窗，飞快地将队长腕上手表抹走。王华业心头一惊，因在杜哈拉必须待机几天，他处处留神，以防不测。

几天后，接到通知去中非，飞行两个小时，到达中非首都班吉市。

机场没有候车厅，几间小房很简单，两辆无牌照黑色轿车将他们接到市区，住进当地条件最好的宾馆，王华业与黄伯清住一间，杨树山与翻译住一间。从北京到班吉市，一个星期，机来车往，不算辛苦，就是从大公红木雕刻厂购买的一件送给总统的礼物——红木帆船，很麻烦，因礼物很高，体积大，转机搬运实在够呛。

接待他们的是一位印第安人和总统的大舅子。总统大舅子说：总统不在国内，一切工作听总理安排，部长接待。

问题是他们从国内带去的翻译不懂法语和山哥语，必须另请翻译。很快，一位比较漂亮的女人出现了，她在中非是职业翻译。中国陕西人，在浙江大学读书时，认识一个中非在浙大读书的留学生，结婚生子，定居中非。后来离了婚。翻译工作每天得费50美元，相当于人民币400元，收入比较高。

次日，中非资源部部长一行接待，听介绍，然后看风景，参观工厂。

王华业董事长（右）考察非洲市场时与中非总理米贝塞拉布里亚先生合影留念

没有钢厂，没有砖瓦厂，只有一家纺织厂和一家服装厂，这两家厂规模和产品质量充其量与中国生产同类产品的乡镇企业差不多，没什么看头。至于风景，一条主要大道，破破烂烂，两旁没有高楼大厦，最高建筑是3~4层楼房，同样的破破烂烂，墙上有洞，窗户飘零，残留战争的印迹。

过了一天，总理接见。早上，中国考察团一行4人还有女翻译来到总理府，总理带着10余人列队等待。王华业呈上礼品，女翻译一一交代明白：红木菱花镜送给总理，红木帆船请总理转交总统，还有一些小礼品每人有份。

总理讲话，说中国人是非洲人民的好朋友，欢迎考察团到来，保证考察团的人身安全等等。

中非帕塔塞总统在访华期间与王华业董事长在上海新锦江饭店合影留念

接着是安排调研石灰石。

一条快船顺班吉河而下，几个黑人坐在船头，手里端着枪，考察团和翻译坐船中央。到了目的地上岸，每个人发一根棍，身后跟一个背枪黑人。翻译介绍，棍子用于自保，背枪黑人都是总统府卫队成员，充当保镖。

上岸，放眼望去，一片无边无际的原始森林，没有路，一行人鱼贯而入绿海之中。中国人穿着皮鞋袜子，黑人都是赤脚，遇到小沟小河，黑人就背着他们过去。

到中午，终于来到石灰石储藏地。

石灰石在下面，上面覆盖4～5m泥土，已经有人挖过一个大坑，坑中有积水。考察组中只有王华业和黄伯清懂业务，二人下坑，看到石灰石可以做水泥，但是泥灰石较多，配料有难度。至于储藏量多少，没有人知道,也无法再深入调查。

下得山来,王华业生于农村,长于农村,对当地居民生活很感兴趣,也特别留意。

丛林现场考察留影

最引人注目的是一株株参天大树,一株树下就是一户人家,住房是搭的棚子,左右封闭,南北通风,上面盖着两张大芦菲和树叶。每户少的7~8口人,多的10余口人。他们看到一位成年女人,怀里抱着,背上驮着,手里牵着,后面跟着都是孩子,孩子一丝不挂,成年男女,上身裸露,下身以少许破布遮掩。孩子身体瘦小,双眼珠很大,盯着陌生人转来转去。在一户人家门前,看到一个男人用根大木棒在一个凹槽石器里捣玉米,捣碎后,风吹掉皮,放在锅里煮着吃。门前的空地上,晒着许多毛毛虫,像蚕蛹一样,晒干后吃,可以补充人体蛋白质。他们上快船回班吉市时,看到一男一女撑着船,细看所谓船,就是一根粗大的木头里面全部掏空,它就是当地居民的运载工具和交通工具。

在中非已无事可做了。返程的机票很难买,他们买的是往返联票,只要签一下就行了,签也很困难。杨树山找到中国驻班吉市商务参赞,参赞帮忙，才签了两张，杨树山和翻译先走。王华业和黄伯清只得再央求参赞，参赞找来总统大舅子，那位大舅子说：好办，你们买几瓶矿泉水就行。

王华业买了6瓶，一会儿登记牌就到手。送机牌的黑人老兄将他二人送上飞机，坐在尾舱。不一会，又有两个人拿着同样座位号来了，黑人老兄不容来者分辨，抓住他们就拖下飞机。

王华业、黄伯清在中非考察留影
（左一翻译、左二总统大舅子、右一黄伯清、右二王华业）

飞机到达杜哈拉，联系西安在杜哈拉办的食品厂经理，经理很快接王华业和黄伯清住下，又安排一位女翻译，带领他二人签票到戴高乐机场。

女翻译名叫崔文琦，陕西人，在食品厂当翻译，想赚些钱去法国留学。

签票没有办成，因为他们没有移民证，下飞机不办移民证就是非法定居，非法定居要收审坐牢，然后再遣送回中国。

麻烦大了，王华业和黄伯清急得满头大汗，搓手无奈。

崔文琪安慰说：别急，你们有没有带药品？比如清凉油、蛇药之类。

王华业在准备中非之行时，听人说非洲有原始森林，买了些清凉油防蚊，买了季德胜蛇药防毒蛇，考察石灰石储藏时带在身边没用上，想不到另有它用。

3个人来到喀麦隆移民局，负责签证的是位黑大姐，崔文琦跟她叽里咕噜说了一个多小时。崔翻译告诉王华业，光有药还不行，她还要200美元。

王华业如数付了美钞，很快办妥了一切。他默默念了"阿弥陀佛"，又拿出200美元感谢崔翻译，崔文琦坚决不收。他拿出自己名片说：你回国后如果到江苏，我一定好好谢你。崔文琪笑笑说：一叶浮萍入大海，人生何处不相逢。

深夜，飞机从杜哈拉飞向法国，早上5点多钟，降落于戴高乐机场。下飞机后，被送到一个休息室。戴高乐机场很大很大，休息室是临时落脚之处，转飞中国，必须找到候机室的中国方向标号。二人不懂英语和法语，比比划划问10多个人，没人明白意思。后来，来了位老者，王华业灵机一动，他绘图基本功扎实，画了一架飞机，再画一个中国地理简图，箭头由飞机指向地图，然后打上一个"？"号。

老者低头看图，抬头看二人肤色，顿时明白意思，飞快写个"18"。

在18候机室，讲汉语的人多了，交流方便。候机室小商店物价昂贵，二人舍不得买，从早到晚，每人各吃两只鸡蛋，喝了两瓶矿泉水。飞机很大，容纳400人，分上下两层，黄伯清坐上层，上层有盒饭卖，他一口气吃掉两盒；王华业坐下层，没有盒饭供应，只得挺住。

次日下午，飞机在北京机场降落，王华业下了飞机，长舒一口气，心里念道：阿弥陀佛，谢天谢地。

回国一年多，中非方面没有任何消息。

一天，王华业从电视中看到新闻：江泽民总书记接见中非总统帕塔塞，引起注意。隔两天，他接到上海经委电话，叫他立即到上海新锦江饭店。

他买了不少丝绸，赶到上海。碰巧海安县委书记秦厚德、人大副主任袁金官也在上海，3个人一起去新锦江饭店。

饭店36层，他们乘电梯到达28层，停下，有人指示出梯，将手机、相机等物品寄存后，再乘电梯上行至32层。

进入大厅后，总统、夫人及翻译等已经安排好接见。

王华业让秦书记走在前面，秦书记推他上前。

王华业走上前说：总统阁下，您好！

帕塔塞总统伸出手，与王华业握手后说：我用同江泽民主席握过的手与你握，等于你同江主席握手了。然后，总统又与秦书记、袁主任一一握手。

双方坐定。

总统说：中国伟大，中国人好，对中非支持很大，两国人民友谊长存。

王华业说：去年我去贵国，送给总统阁下礼物，祝您一帆风顺。

帕塔塞说：谢谢，总理已经转交给我了。

王华业又拿出带来的丝绸赠送给总统和夫人。总统和夫人以及随行人员热烈鼓掌。帕塔塞与王华业拥抱。夫人接着又要与王华业拥抱，王华业迟疑不敢，中国外交人员立即提醒：王厂长要有礼貌。王华业立即拥着夫人，黄脸贴着黑脸，有点心跳。

在谈到办厂时，帕塔塞说：我们国家第一个水泥厂，你一定要办好。

王华业说：资金问题怎么解决？

帕塔塞说：中国援助中非，就在援助款中支出。

王华业说：这样就没问题了，我一定认真办好。

午餐分正副两桌，海安3个人自觉地坐在副桌，夫人硬是将王华业拉到正桌，坐在她身旁，热情友好，留下深刻印象。

总统接见过后，海安3个人在回来的路上，袁主任想到王华业与总统夫人拥抱的尴尬相，笑着问：王厂长，与贵妇人拥抱，感觉如何？

秦书记说：味道好极了。

王华业说：你们当领导的，尽拿我这个老土开心。

秦书记正色道：以后碰到欧洲白女人，拉着你接吻，可要大方些唷。

中非总统帕塔塞（右一）会见王华业、秦厚德等人

王华业的探险之旅，看来会有圆满的结果。

世事难料，有心栽花花不成，无意插柳柳成荫。

过后不久，帕塔塞总统下台了，办水泥厂的事无疾而终。

第十四章　三"不"四"道"

乡镇企业从20世纪80年代崛起，到世纪末产权制度改革完成，仅有短短的20年历史。

大公的鹏飞集团无疑写下了乡镇企业精彩华丽的篇章。

王华业作为企业的主要负责人功不可没，从某种意义说，没有他，企业的历史很可能重写。

他是一个什么样的人呢？

陈真棠概括他是四"道"之人：厚道、公道、正道、霸道。

陈真棠是位大干部，朱镕基当上海市长时，他任秘书长。朱镕基当国家总理时，他任上海驻北京办事处主任，东台富安人。富安与大公紧邻，王华业因办厂结识上海金山石化厂党委书记陈祥珍，陈真棠是陈祥珍之侄，久而久之，王华业与陈真棠建立了比较亲密的关系。

一次，陈真棠有事到海安，当然要找同乡好友王华业。王华业觉得来人是大干部，应该请县负责人出面相陪。陈真棠摆摆手：不用，不用，就你我二人喝酒闲谈。

闲谈中，陈真棠将王华业定评为四"道"之人。

王华业说：我只接受三"道"，说我"霸道"，不能接受，我可不是横行霸道之人。

陈真棠哈哈大笑：错了，错了，没有霸气的人是不能当企业家的。市场就是战场，你见过优柔寡断的将军吗？

王华业点点头：这样说，我接受。

三"不"是王华业的自我约束：请客不到，送礼不要，行贿退掉。

陈真棠对王华业的评语除了零距离接触，还有一些大公人的评价传到他的耳朵里，算不算公正客观让历史去证明吧。无数历史名人，评论再评论又评论，争论不完。人是最复杂的动物，口和脑是不可能完全一致的。

王华业对自己的约法三章不算新鲜，不少廉政干部还将其张贴在办公室墙上。有一点是可以肯定的，他不是做秀，而是为了自保。早在1964年，他正在双楼农中读书，王院大队"四清"工作组找到学校，调查他任豆腐店会计时的一笔账，账上记着收入1元8角，可是现金没有着落。王华业如实说明，那是队长欠的账，一直未还。

人生第一次被调查留下刻骨铭心的记忆，从此，非我所有，一毫也莫取成为他的人生信条，或者说是警钟！

概念化的评语论人很不可靠，有点像从哈哈镜中看人，会把人扭曲。比较接近真实的是人与人撞击发出的火花，从中可以窥视人物内心的秘密以及人的品质。

走近王华业，说几个小故事。

故事1. 员工犯错

厂里开展质量月大检查活动，分别检查成球机、机立窑、双轴搅拌机、螺旋电子秤、单管稳流绞刀等。检查到一台双轴搅拌机，发现皮带轮拆卸键槽里垫了钢锯条，这是严重的产品质量问题。检查组长保护好现场，立即向厂方报告。厂方追查，核实是姓张的员工责任，找他谈话，他承认不赖。王华业对他说：你写检查，承认错误，在大会上检讨。他说：我不检讨，厂里比我差的多呢。王华业说：你检举揭发，如果属实，同样处理。他说：我不揭发，你去查。王华业说：你不揭发，我去查谁呢？

胡搅蛮缠，死不买账。

王华业召开全厂职工大会，公布对姓张的处理意见：由合同工改为临时工，6个月后看表现再签用工合同。

这一处理捅了马蜂窝。

这位张姓老兄不是普通农民工，父亲是上海老工人，与本厂一位副厂长是亲戚；还与大公现任书记关系密切，书记到上海，吃住都在他家。

副厂长不好找王华业，去找书记，书记一个电话将王华业叫到镇办公室。

书记说：华业，你没有权利将张合同工改临时工。

王华业说：这不是我个人决定，厂规很清楚，凡出重大质量事故本该这样处分。

书记说：没有造成后果，教育教育嘛，不教而诛太简单粗暴了。

王华业说：开始我也不想处分，叫他认个错，检讨检讨。可是他死活不肯。没办法，只能按章办事。书记您是知道的，质量是工厂的生命。譬如您想买件衣服，看到衣服上有个洞，还会买吗？我们生产的都是大玩艺儿，一件少的几千、几万，多的几十万、几百万，身为厂长，含糊不得呀，请书记体谅。

书记无话可说。

张老兄还不死心，跑到王华业家里闹。一天傍晚，贲友兰打电话给丈夫：今天你不要回家，张等着找你麻烦。贲友兰安排他吃晚饭，准备床铺让他睡觉。张等到11点多钟，只得没趣地离开。

第二天，张老兄到厂里，逢人就泼王华业的臭水。绝大多数员工认为他是无理取闹，不予理睬。他狠狠地说：此处不留爷，自有留爷处。不相信离开他王华业就没饭吃！

在厂外混了一年多，十分狼狈。

老父从上海到大公，找书记帮忙。副厂长向王华业打招呼，让他回厂。王华业说：我不是小肚鸡肠人，他能好好干，把质量搞好，往事就不提了。

故事2. 亲人犯错

一天早上，王华业正准备吃饭上班，老爸老妈脸色阴沉，气鼓鼓地说：你别忙着上班，我们有话说。

王华业急忙搬来一条长凳，说：二位老人家有话尽管说，请坐。

老爸道：我们是农民佬，不是干部，站惯了。

王华业点点头：是，是，站着说话腰不疼。

老爸说：我问你，你们兄弟姐妹7个，我有没有骂过你们？打过你们？

王华业说：没有，您是伟大的仁慈的父亲。

老爸说：老三在你手下做工，你为什么骂他？凶巴巴的，像个兄长吗？

老妈插嘴：你还要将他再调回木工车间当木匠。

老爸问：有这回事吗？

王华业答道：有。

老爸训斥道：俗话说：打架亲兄弟，上阵父子兵。你倒好，对自己的兄弟下手，有出息！

王华业陪笑脸：二位老人家消消气，我知道是老三告的状，容我把事情讲清楚。

原来新厂区搞建设，需要人照应，王华业安排4个人，其中有老三。他觉得老三有一定组织管理能力，在新厂区建设过程中锻炼考验一下。谁知大白天工作时间，老三被人拉着打扑克。有人向王华业反映，王华业很生气，下班找到老三，痛骂一顿。老三知道哥哥说一不二的脾气，害怕处分，拉着老婆到二老面前奏本。

王华业将经过讲清楚后，深情地说：二位老人家爱子之心我懂。老三是你们儿子，我老大也是你们儿子。在别人眼里，我王华业走南闯北，吃香喝辣，威风八面。实际上我过的什么日子，别人不清楚，二老是知道的。生儿子，我不在家，儿子得重病，差一点你们就没有这个孙子了；砌房子，我在南通开会，领导关心，才请假回家一天。一年365天，我都想不到哪一天是清闲的。我家有几个人都在厂里，管不住家里人，就管不住全厂人，几百双眼睛都在看着我呢。

老爸老妈听了王华业一席话，什么都懂了，老爸说：华业，我明白了，我要找老三说话。

故事3. 上级犯错

要成为大型建材设备企业，必须通过全面质量管理中心的资质验收。

鹏飞集团向中心打报告，要求按照年产60万吨的成套项目标准验收。

省中心徐主任到大公考察，认为鹏飞规模不小，产品不少，是个大企业，同意验收，并签订协议，验收费用10万元。

验收时，徐主任亲自参加，还有扬州市质量管理中心柳主任，考虑到鹏飞集团是南通市的企业，又邀请南通市质量管理中心陆主任一同参加，柳为主，陆为辅。

矛盾来了。

陆主任觉得本市的企业验收，自己当配角，让外市人当主角，很没面子。不好向徐主任发作，就将气出在鹏飞集团身上。

一天夜间，徐主任通知王华业到海安宾馆。

徐主任说：你们年产10万吨的成套设备验收合格。

王华业说：不对，我们申请的是年产60万吨回转窑成套设备及安装一条龙。

徐主任说：你们回转窑才生产几台，安装也没有资料。

王华业问：谁说的？

徐主任说：陆主任讲的。

王华业说：请将陆主任叫来当面对质。

陆主任来了。

王华业说：陆主任，你说没有资料，我们捧了一大堆资料给你，你都不看一眼。我们都是南通人，我不要求你包庇，但你不能故意刁难。

陆主任说：我就是这个看法。

徐主任见僵了，就对华业说：王总，我们再研究一下，你先回去休息。

王华业离开后，越想越气，害怕验收组强行下结论，12点钟，又敲开徐主任的门。

徐主任问：你怎么又来了？

王华业说：你还没答应我呢！陆主任对企业不负责任，我们要管他吃住，还要付评审费，这样的人不欢迎。明天叫他不要到厂里去，心术不正的人看了都恶心。

第二天，陆主任果然未进厂，徐主任再三向王华业打招呼。

最后，验收结论为：水泥厂设备成套安装、调试、达产达标一条龙。

客观而论，这个结论下得既准确又艺术，徐主任不愧为人情练达的领导人，王、陆的矛盾摆平了，不提60万吨，已经包括60万吨在内；又给陆主任一个面子。

王华业死扣协议，认为你们打我折扣，我也打你折扣，评审费10万元，只给你7万元。

徐主任笑了笑，摇摇头。

指责王华业认死理、一根筋，不无道理。但如果站在他的立场上，写不写60万吨这个数字大不相同，因为在当时水泥机械市场上，60万吨回转窑是巨无霸，凡是生产水泥厂家，见了这个数字，就知道建材生产厂家的实力，对争取市场份额作用很大。

下篇　飞鹏一飞冲天

华罗庚在讲台上倒下，彭加木消失于茫茫沙漠之中，罗阳仰望海天谢幕……

事业心极强具有突出贡献的人，命运已经决定事业与他的生命相始终。王华业投身于时代大潮，与水泥机械结缘，虽然心有千千结，难以释怀。但是，割断他与水泥机械的联系，是根本不可能的。他在晚年，与家人一起白手创业，创办了江苏飞鹏重型设备有限公司、江苏赛日实业有限公司，十年磨一剑，续写昨日的辉煌。

第十五章 白衣苍狗

唐代诗圣杜甫，曾写过一首题为《可叹》的七言古诗，开头四句是这样：

天上浮云似白衣，斯须变幻为苍狗。

古往今来共一时，人生万事无不有！

翻译成白话：天上的浮云啊，就像洁白干净的衣服，一会儿就变成一只灰毛狗的样子了；从古到今都是这样啊，人世间的变迁什么事都会发生！

杜诗圣有感而发，所感者是他的诗友王季友，这位季友老兄自幼好学、家贫，为人厚道、正派，是个十足的书呆子，整日间除了读书、写诗，谋生之道一概不问。娘子忍无可忍，弃他而去。当时社会舆论一边倒，都说王季友的不是。杜诗圣惺惺相惜，就写了《可叹》一诗。

杜甫没有批评王季友之妻，在他看来，王妻想过好日子，情有可原。只是叹息世风可恶，一个正派的老实人，怎被说成低劣的小人?! 写诗读书有何过错？人生于世，各有所求，何必强之！

古往今来共一时，人的劣根性何等顽强！

王华业，一位在改革开放时代成长起来的农民企业家，全国水泥机械行业著名专家，转眼之间，忽然成为全镇、全县传得沸沸扬扬的负面人物。

事件起于企业改制。

海安县的企业改制，经过几年阵痛，最后只剩下三家大型企业：江苏鹏飞集团、江苏苏中集团、海安县变压器厂。

2000年冬，县委、县政府要求大公镇党委、政府立即启动鹏飞集团的改制。

一切改制工作都在有条不紊地进行。

成立领导组，指挥和掌控全过程；

学习文件，把握改制尺度；

资产评估，明白蛋糕大小；

出台改制的实施方案，报请县委、县政府批准。

一切都无懈可击。

王华业担任改制领导组副组长，镇领导分配给他的任务，要他拿出改制方案，经领导组讨论通过后，报县批准。

他从来不将人往坏处想，叫他拿方案还真地以为把他当棵葱，认乎其真地干起来了。他的思路是：改制要平稳过渡，让能人贤才有职有权，确保今后发展更快更好。本于此，觉得集团的六大块，分由六位法人代表负责，各显神通，每一大块的法人代表也拟了初步名单。

方案浮出水面，讨论时无人提出异议。

他太天真了，人家要他拟方案，他就傻乎乎地亮出了底牌，从此，厄运接踵而至。

借改制之机彻底搞掉王华业的人们使出三招杀手锏。

第一招：闹事。

他是企业改制厂方主要负责人，可是有关改制的实质性问题根本无权过问，比如资产的评估和盘点，股份出售等等。那么，分配他的任务是什么呢？改制期间的正常生产和销售。

他对领导组的分工从无抵触情绪，正常生产确实要有人抓，他就认真抓起来。听销售员吴义军汇报，东北吉林省刘德全建材有限公司要上一条日产2000吨水泥生产线，前提条件是要提供设备的厂家到现场察看，做出可行性报告。王华业即组织本公司人员任均泰、吴义军,请来江苏省建材院工艺设计室主任黄伯清,一同赴吉林考察。

离厂才3天,王华业突然接到厂办电话:出大事了,东厂区关大门,不让发货给买主,西厂区关大门,变压器闸刀被拉掉,值班电工崔广东被打伤,工厂几乎停产。

他心急火燎赶回厂,往日热热闹闹忙得不停的车间,一下子冷冷清清,到处杂乱无章,乌烟瘴气。

客户听说鹏飞集团改制出乱子,搞打、砸、抢,原来有意向准备订合同的不再上门,已经订合同的纷纷上门要求退款。

不明真相的职工纷纷跑到镇政府,提出许多条件,要求政府给予答复。镇政府领导没有一个人站出来,派工作人员将上访职工领回厂交给王华业。

王华业呢?

他身心交瘁,住院了,打点滴,接氧气。

听探望他的人说,职工们人心惶惶,说什么还改什么制?干脆分掉拉倒,人人都有份;那些要求退款的客户整天坐在厂里不走,生怕厂倒了,预付款打水漂。

眼见好端端的集团公司即将毁于一旦,王华业心如刀绞,他对自己说:我不下地狱,谁下地狱?死也要死在厂里,就像战士牺牲在战场上那样。

他突然出现在厂里,就像有一股神奇的力量,闹嚷嚷、乱哄哄的局面立马平静下来。

面对客户,他坦诚以待:合同是我王华业签署的,任何时候都不会违约,请大家放心,只是交货日期可能延迟一点时间,我会按照合同规定给予一定补偿。说我王华业不行了,那是谣言。信得过我,就回去,该干什么就干什么;信不过我,在我们厂待着,我们热情招待,有朋自远方来,招待不周还请海涵。

面对闹事者，他义正辞严：闹事，破坏生产，就是破坏改制，是违法行为。你们不是针对我王华业个人，而是针对党的现行政策，改革开放到今天，产权改制变革是必然举措。破坏党的政策，后果是什么，你们自己清楚，我就不说了。账我先记下，如果悬崖勒马，既往不咎；如果一意孤行，执意与党的政策较量，那就走着瞧吧。

面对群众，他晓之以理，动之以情。改制是党组织领导的政府作为，不是哪个人为了个人目的的私下行为，组织上充分考虑到职工利益，凡是正当的要求都可以提出来，都可以得到满足。不正当的上访也没有用，任何人都不会答应。我王华业跟大家一样，都是拿工资，工资和奖金比大家高，那也是按规定拿，多拿一块钱就是犯法。我不是资本家，从工人身上刮钱归自己。我们厂改制还没有到算细账的时候，希望大家不要听信少数别有用心人的谣言，把自己本职工作做好。你们中的很多人跟了我十几年、几十年，亏待你们我也不会答应。

是正义的力量？抑或王华业的个人魅力？闹事风波总算平息。某些人把水搅浑造成王华业自动下台的阴谋失败了。

第二招：告状

那些闹得最凶的人以署名形式向江苏省纪委告状，举报王华业贪污受贿160多万元，省纪委认为是大案，要求南通市纪委介入，与海安县纪委一起彻查。

县纪委来人直奔主题：王华业，你要老实交代贪污受贿的具体事实。

王华业说：我既没贪污，也没受贿，你要我交代什么？

来人大怒：初次见面，你就关门，态度恶劣。抗拒不交，罪加一等。

王华业说：我就是这个态度，你愿意定我什么罪就定吧。

双方僵持，无法深入。

县纪委领导知道王华业的个性，初次接触的人是个新手，简单粗暴的方式当然不能解决问题。

领导亲自找王华业谈话：老王，我们知道你办厂贡献很大，但是实名举报，我们不得不查，希望你能配合我们工作。

王华业说：不是抗拒组织审查。我担任鹏飞集团董事长近二十年，连同之前当副厂长、厂长三十多年，往来业务难以计算，突然之间，说我贪污受贿，我确实不知道驴年马月是谁贿赂我？贪的又是哪笔款？

领导说：人家是实名举报，可见不怕你打击报复。我们就将举报的几件事如实告诉你，你将每件事的来龙去脉说清楚，我们组织人员调查核实。

王华业说：这样很好，我相信组织，保证讲的都是真话，如果有假，怎么处分我都没意见。

160 万元，听起来惊人，其实只有几笔账。

1. 缅甸建水泥厂结账

结算是鹏飞集团的一位副厂长所为，结算时，这位副厂长加价近 100 万元，王华业与缅甸华人陆忠芳在昆明结账时，陆忠芳不承认，此事证人陆忠芳，问他就会真相大白。

2. 缅甸三 A 安装费

王华业结的账，从客户处拿 4 万美元，将其中 2 万美元从缅甸汇给台湾陈汉波，陈汉波对该项目投资 5 万美元，先要 2 万。因为从国内美元汇不出去，才从缅甸汇的，有汇款凭据。另外 2 万美元以一位副厂长的名字存在银行，密码外汇会计王小波知道，账也记得清楚。

3. 关于贪污 7000 多美元问题

开始王华业回忆不起来，怎么会冒出个 7000 多美元？经过再三思索，原来是去中非考察，报销凭证存在会计室，一笔一笔清清楚楚，连买几瓶矿泉水都记上了，怎么会是贪污？

4. 关于贪污 30 多万元问题

办案人员指出王华业贪污现金 30 多万元，王华业一头雾水，怎么想也想不出来。办案者点了他一下：你打的条子还放在现金会计处，怎么抵赖得了呢？王华业更加莫名其妙，什么条子？他找到现金会计崔一桂，崔一桂说：厂长，你主持结账的 30 多万元，怎会忘记呢？他恍然大悟，原来是在缅甸德耶厂做安装工程，由袁斌（当时现场保管员）、刘亚琴（现场采购员）在缅甸市场购买油漆、零星钢材、焊条、砂布以及吃饭、住宿等开支。现场结账的有戴万生、郭文武、袁斌、刘亚琴、唐田茂，账结好了，发票拿走，留下结算条子，当着王华业贪污的罪证。

经过县纪委调查核实，举报王华业贪污受贿 160 多万元，纯属子虚乌有，彻头彻尾上演了一场诬告的恶剧。

第三招：免职

这一招不需要什么遮羞布，赤臂上阵，免去王华业一切职务，罪名是将企业亏损 1000 多万元。

自从实行改制，王华业已经被剥夺了企业的领导权，一切权力归镇党委、镇政府，出了问题，企业亏损，账记在王华业身上，就是这个理，到哪里去诉说？搞打砸抢，诬告企业负责人，是犯罪行为，没有一个镇领导人制止，为什么？

海安县的近邻是如皋县，现改为如皋市，历史上曾创办过木偶戏，非常有名。木偶穿着人的衣服，脸上化妆成人的样子，在台上表演得有声有色，实际上都是幕后人的操纵。王华业小时候看过木偶戏，想到个别人处心积虑挑动群众折腾企业，就是为了将自己排除于改制之外，自己又何必在他们面前晃来晃去？

他消失得无影无踪，电话打不到，手机没人接，就像从人间蒸发一样。

其实他躲避得并不远，就在海安县近邻，在姜堰旅馆住了 8 天，在东台旅馆住了 9 天。不是去走亲访友，也不是去欣赏邻县的自然风光。临行时带了整整一大皮包机电方面的专门书籍，离开那些有本事整人、没本事办厂的人，干净、清静。安静地读书，增长知识，不会浪费宝贵的生命。

人有心结，是很难平静下来的，他记忆的屏幕上清晰地回放着 50 多年来的人生历程。

农民的儿子不可能养尊处优，耕田、耙地、碾场、扒河泥、撑船、推小平头车、做豆腐、磨粉，样样都会。

随着农业机械化的程度不断提高，学会开柴油机、爬电线杆、架线、安装电灌车口、修船、修柴油机。

在社办厂，生产过电动机，修过电动机，生产8寸水泵，自我武装牛头刨床，自我武装车床，自我武装龙门刨床，用12匹马力柴油机拖锯木机，拖龙门刨床，拖车床。

从农业机械向工业机械转变过程中，生产过工字脱粒机、开沟犁、棉花制钵器、插秧机。

在水泥机械生产中，生产过电磁振动给料机、水平料封出料机、提升机、皮带机、振动机、预加水成球系统装备、机立窑、回转窑、球磨机、立式磨、烘干机、库顶机、皮带电子秤、螺旋电子秤、放风阀、锁风阀、螺旋闸门、棒阀、预热器分解炉、增湿塔、沸腾炉、破碎机、静电收尘器、袋式收尘器、彩瓦机、喷涂机等30多个品种，100多个规格型号的建材设备。

产品无言，但是使用产品的人或许知道这些产品是怎么来到人间的！

前苏联出了个知名人物，叫做奥斯特洛夫斯基，他在《钢铁是怎样炼成的》书中写道：人的一生是应该这样度过的，当他回首往事时，不因碌碌无为而羞耻，不因虚度年华而悔恨。这样，他在临死的时候，可以这样说……

王华业记不起下面的话，其实也无须记住，他扪心自问，无愧于党，无愧于大公人民，可以心安理得地继续走他独特的人生道路。

他的行踪只有他的妻子贲友兰知道，临走时叮嘱：等他们瓜分完厂告诉我，我会回来的，看着他们表演，恶心！

第十六章 魂牵梦绕

工厂的改制尘埃落定，王华业回家了，闭门不出。

不少老领导老朋友上门劝他想开点，他说：我是贫苦农民的孩子，混到今天这个样子，知足了。我不想赖在总裁的位置上不下，只是想不通，为什么有的人对我采取下三烂的手段？

书读得多的人被称为"书呆子"，技术型的人看来也有点"呆"。

大公有各种议论，有人说：王华业是个挣钱手，又是个守财奴，聚的钱太多了，如果拿出几百万，上上下下打点，不会有如此下场。确实有道理。他接手社办厂的时候，总资产不足5万元，改制时结算，鹏飞集团总资产是原来的1000多倍。钱和产是一点一点积累起来的。中国封建社会的土地主，省吃俭用，省钱用来买土地。王华业省钱用来扩大再生产，越滚越多。散钱？怎么个散法？用集体的钱为自己前程铺路，他不做。人们说鹏飞集团是大公镇的钱袋子，他就是往里装钱和看守钱袋的守护神。

有人说，王华业待人刻薄，最后搞得众叛亲离。此言也有一定道理，人性是自私的，有奶便是娘嘛。但身为集团总裁，必须有个底线，无原则的好人怎么做？客观而论，他还是懂得人情世故的。比如发现跑冒滴漏现象，批评教育从严，处理惩罚从宽；又如在奖金的发放上，镇政府规定他拿5万，他就给副手4.5万，中层干部班组长依次适当少一点，算是杨柳水处处洒了，还能怎么样。

滚滚长江东逝水，随着乡镇企业历史的终结，代表人物也各有归属，功过是非，任人评说。

最美不过夕阳红，温馨又从容。

王华业的家庭是幸福的，相伴40年的老妻对他惟命是从。娶个农村女人是很实惠的，死苦死做，生儿育女，把男人照顾得妥妥贴贴。他的妻原是农民，后做工人，退休了。两女一男，孩子很争气，不靠他这棵大树，自立自强。他没有任何负担，轻松自在。温馨的家庭是打拼男人疲倦后休息的港湾，也是愈合伤口最好的疗养所。

他从容地处理自己认为该做的事。

一是分钱，就是将多年的积蓄分掉。在别人眼里，集团老总肯定是个大富翁，其实，有限得很：工资加奖金。工资是科级干部标准，奖金也是逐年增加的，镇政府批准多少就多少。人皆明白，靠公开收入是发不了大财的。他将钱分成5份，两个女儿、一个儿子各一份，妻一份，自己留一份，分光心里舒坦。

二是偿还人情债。当了20多年企业负责人，方方面面帮衬的人不少，在职时没有用公款打点，退职后应该还，人家客观上是支持他的工作呀！所谓还人情债，他做得很简单，就是请人到饭店喝酒吃菜，吃喝过程中说些感谢话，如此而已。现时的人对吃不那么感兴趣了，不过他请的那些人却很在意，说王华业退职后还没有忘记，真是性情中人。

搜肠刮肚，他觉得无事可做了。

大公街道上常常见到他漫步的身影。

大公是农村小镇，改革开放的大潮推动她日新月异地变化：泥路变成沙石路，沙石路又变成柏油路；草房变成瓦房，瓦房又变成楼房。从少不更事的孩童，到年近花甲的老翁，他无法统计在街道上往来多少次，每一户人家，每一家店铺，了如指掌。他比常人有更深的感情，因为这里是他的发祥地，这里的变化渗透着他的心血。

有人说：王华业咳嗽一声，大公镇都要抖三抖。他真的有这样神通吗？他心里非常清楚，科级干部不过是他办厂有功给予的赏赐，从不过问镇上的事，从不觉得吃上"皇粮"比别人高上一等。相反，自觉地夹着尾巴做人，比如县工会要评他为省劳模，他婉言谢绝。人言可畏，望着镇党委、镇政府办公大楼，心中百感交集。

他远眺鹏飞集团办公大楼和厂房，那里曾是他的领地，下属几乎都是他带出来的，员工也是他招收的。如果他现在到那里走动走动，肯定收获不少尊敬和热情，但是他不愿意去，心中的纠结无法解开。

他几乎没有个人爱好，在职时，除吃饭睡觉，就是工作、工作。现在，突然觉得时钟走得太慢了，日复一日，基本上坐在家办公桌旁看专业书和图纸资料，偶尔到大公小街上来回走动。

老妻贲友兰看在眼里，一层阴影蒙上心头。她听到电视上讲过，人老了，常会得一种病，叫做老年性痴呆。对照老伴整日间寡言少语、丧魂失魄的样子，以为是痴呆的先兆。一天，儿子王燕从县城回乡时，说出自己的担忧。

王燕读的是财经专业，在县政府财政局任职，父子不同道，平时很少交流。听得母亲之言，注意观察：父亲脸色是凝重的，目光茫然无主。立即想到：奔驰的列车来个急刹，很可能会翻。

晚饭时，王燕特意开了一瓶酒，父子俩边喝边谈。王燕说：爸，我们办个厂吧，还搞水泥机械。

王华业突然眼睛一亮，面露喜色。

王燕一见有门，端起酒杯说：老爸，我敬你一杯。

王华业端起杯，正准备一饮而尽，突然又放下，摇摇头说：不行，那要多少钱，我们没有。

王燕说：我找姐、姐夫，全家凑一凑。再说，您老人家就是一笔可观的无形资产啊！只要将大旗竖起来，还愁没人入股吗？

王华业沉吟良久，说：我要考虑考虑，今晚不谈，喝酒！

喝了酒本该好睡觉，可是他无法入睡：

办：离开鹏飞集团的几个家里人生存有保障，自己的晚年可以发挥余热,生活充实有味。

不办:市场风险大,万一血本无归,怎么向家人交代?自己算是花甲之年的人了,再吃二遍苦,再受二茬罪,顶得住吗?

头脑里翻来覆去打架,难解难分,迷迷糊糊。

忽然,恩师黄有丰出现在面前。

黄老总:小老弟,你在干嘛?

王华业:不干什么!

黄老总:你好吗?

王华业:不好!

黄老总哈哈大笑:不好就不了。

王华业想向恩师倾诉心中的郁闷,可是黄老总突然不见了,他猛地惊醒。

天亮后,他对王燕说:办!

在海安县这块土地上,又诞生了一个以王氏家族为主体的企业:飞鹏。企业坐落于古贲乡地界,与大公镇仅一路之隔,路东是鹏飞集团大本营,路西即新出世的飞鹏。王华业命名,毫无比拼之意,都是自己办的,伤谁都心疼,希望两兄弟比翼齐飞。时在 2002 年冬天,15 个人出资 111 万元,注册、征地、砌房,一切都很顺利,其中有一个重要原因,古贲乡工业基础薄弱,乡党委书记丁建民一路绿灯。

飞鹏的第一笔业务:南京板桥水泥厂立窑改造,总价 29 万元。

没有生产车间,没有技术工人,没有图纸,王华业既当指挥员,又当战斗员,从露天作业,至安装调试结束,先后经过 5 个月,完成任务。

飞鹏的第二笔业务:江西省一家水泥厂订购的一台 $\phi 2.2 \times 7.5m$ 水泥磨。

王华业带领现有人员全力以赴,层层把关,终于投产成功。

这两笔业务,赚钱不多,但意义重大,极大地鼓舞了士气,标志着少年大鹏开始起飞。

2003年3月8日，金工车间破土动工。

第三笔业务：山东枣庄一条日产1000吨水泥生产线。

对于飞鹏来说，这是一宗大买卖。

山东老板原来准备向沈阳一家水机厂订货，上门考察，那家厂对整个设备情况讲得不甚清楚，因为不放心而放弃。当飞鹏销售员田昌军介绍飞鹏的时候，提出首先考察的要求，王华业一口答应。

老板请山东泰安设计院的冯工一起来到飞鹏，王华业对整个生产线的设备烂熟于心，侃侃而谈，老板听后很兴奋，他说：王总不愧为行家里手，我跑了好几家水机厂，对喷煤管三通道、四通道的作用和区别都说不清楚，王总一讲，我们茅塞顿开，放心。

王华业通过朋友关系，带着他们二人参观了浙江兆山日产1000吨水泥厂，边看边谈，印象深刻。

回到山东后，老板就约请王华业签订合同。

这笔业务的成功是飞鹏的第二个里程碑，标志着这个创办才三年的企业已经初具规模，在市场竞争中占有一席之地。

超级买卖：四川省仁寿汪洋水泥厂日产3500吨全套设备。

2005年，销售员王喜等人得到信息：四川仁寿汪洋水泥厂要上一条生产线，总造价4000多万元。当王喜将所有合同条款发到电脑上的时候，王华业和王燕正出差东北，父子俩都迟疑不决，接受这笔业务，当时厂里生产条件不具备；不接受就错过一次飞跃的机会。经过再三论证，父子俩意见一致：上！不进则退。

这是一场名副其实的豪赌。

光买一台滚齿机就要600多万元，而当时企业所有家产也不值这个数。

王燕从网上得到消息：洛阳一家企业有台俄罗斯产滚齿机可以调剂，父子俩商量，王燕在海安筹款，王华业去洛阳现场考察，可用就敲定价格。

父子俩心里都清楚，此举关系到企业的生死存亡，不容半点闪失。

王华业在现场考察时，发现该企业管理不善，地面上一片机油，滚齿机零件乱放，杂乱无章，心中一冷：如果有些关键零件报废，就等于买了一堆破铜烂铁。当时滚齿机正在运转，滚的是斜齿齿轮，说明该机精度不错。然后又对照图纸，检查每一个零部件，核实无误。

买卖谈判，讨价还价，最后以 680 万元成交。

680 万元，全部任务压在王燕一人身上。

真是有其父，就有其子，都是王大胆。

他，白面书生，见人一脸笑，言谈中不乏机智幽默。找朋友，跑银行，调动各种人际关系，在很短的时间内凑足购机款。

最后付款收机，王华业防止受骗上当，特地请大公派出所王警察同去洛阳。

安装 8m 滚齿机，仅用了 40 天，速度快、精度高，受到同行赞扬。

购买滚齿机用尽财力，再买其他生产设备不可能，王华业只有重走当年农具厂生产农机和工机的老路，自制土设备。

人的智慧和潜能如果充分发挥出来，真的不可限量，王华业带领年轻飞鹏的技术人员和职工，没有条件创造条件也要上，奇迹向来属于敢想敢干、百折不挠的人。

一笔超级买卖做成了。

让我们看下面一组数字：

从 2005 年开始，飞鹏年产值：

2005 年，2200 万元。

2006 年，2300 万元。

2007 年，6046 万元。

2008 年，8400 万元。

2009 年，10157 万元。

大投入，大发展。2010 年—2012 年，年产值均超亿元，产值标志着飞鹏已经跻身大中型企业之列。

十年磨一剑。

同样的企业掌门人，鹏飞的辉煌用去20年时间，而飞鹏仅用10年，秘密何在？

答案是：起步高度不一样，王华业对飞鹏产品的定位就是大型水泥机械全套设备。

阿基米德说：给我一个杠杆，我能撬起地球。王华业二次创业的杠杆是什么呢？

投股集资111万元，银行贷款200多万元，如此而已。

光凭这点钱能干什么？

王燕说得对，王华业本人就是一笔可观的无形资产。

无形资产可大可小，如果不用，那就是零。

砌厂房时，他为什么争分夺秒？就是为了尽快投入生产。听说他竖起了大旗，不少水泥生产厂家纷纷送来订单，订单不是薄薄的几张纸，30%的定金多么宝贵！用王华业的话说，叫做借鸡生蛋。鸡生蛋，蛋生鸡，循环往复，越生越多。

有位青年画家、书法家在飞鹏开张时送来条幅：老骥伏枥，志在千里。烈士暮年，壮心不已。王华业一直将条幅挂在自己办公室的墙上，视为对自己的鞭策和激励。

关于王华业二次创业的动机，大公乡下人还有新的版本。

一天，王华业正在家中看图纸、看书，一位须眉皆白的老者上门。老者也姓王，辈分高，远近有名的风水先生。华业见了，赶忙上前让座、敬茶。老者道：总裁有闲读书，难得难得。华业道：我已经不是总裁了，跟大家伙一样，都是农民。老者道：不是总裁，时间就不金贵，老朽给你讲个故事。

从前，有个地主，良田千顷。这个地主心地不坏，对人并不刻薄。生有一子，年方20，突然患病身亡。从此，该地主万念俱灰，整日间在自家地里晃悠，魂不守舍。有一天，遇到一位挑野菜的村姑，村姑问道：老爷愁眉紧锁，有何心思？地主将自家不幸说了。村姑道：生死由命，富贵在天。老爷不必伤悲，你将奴家娶回去，再养个小子得了。地主摇摇头说：我已是半截子入土的人了，没有那个奢望。村姑笑道：老爷没听民间有言，40如狼，50如虎。奴家看老爷还不到60，虎尾巴还是很厉害的。地主动心了，将村姑娶回家，一炮打响，第二年就生了个大胖小子，原来那村姑是西天佛祖命仙女下凡装扮的。

王华业笑道：这故事有趣。

老者道：你觉得有趣就好。我夜观天象，王院上空锐气正浓，你非等闲之辈，好自为之。

没等王华业相送，老者便起身飘然而去。

民间传言是不可靠的，海安镇人常说：东街摔碎盆，传到西街变成杀个人。那位老者90多岁驾鹤西去，有没有点化王华业，无从考证。

第十七章　中国创造

让王华业魂牵梦绕的一个人：黄有丰。

黄老总与海安特别有缘，上个世纪80年代中期，搞预加水成球新技术的时候，他就确定双楼建机厂为试点单位。90年代中期，从国外引进回转窑，他大力扶持大公建材设备厂，制造出全国第一家回转窑成套设备，并在海安召开全国推广会。他数次亲临海安，做学术报告，现场指导生产，对设计人员耳提面命。

岁月不饶人，跨进21世纪，黄老总已是八旬开外的老者，再也不能出京施展身手了。

王华业对恩师念念不忘，每年必进京两次，专门拜望。

俗说：三个女人谈家长里短，三个男人说"三国""水浒"。师徒二人闲谈时，不知不觉就围绕水泥机械。

黄老说：你们飞鹏是重砌炉灶重开张，生存当然是第一要义，能生存才有发展。但任何时候都不能忘记，抢占科技制高点是发展的命脉。

华业说：老师教导得对，我是想到做不到。当年的鹏飞，设计人员、技术工人、生产设备等等，一应俱全。现在的飞鹏，可以说一无所有，职工要吃饭，企业要积累，设备要添置，满脑袋是钱、钱、钱，压得我喘不出气来。

黄老说：你有难处，我懂。科技创新非一日之功，首先要有意识，其次是积累，最后还要有灵感。我老了，心有余而力不足，帮不上你什么忙。不过，人脉关系还在，你如果想搞，遇到难题，我可以和有关人打个招呼。

华业说：我当然想搞，有劳师傅了。

黄老说：想搞，我再提醒你一句：抓突破口，不能胡子眉毛满把抓。

黄老总统揽全局，王华业对他向来言听计从。

在黄老总的点拨下，王华业的头脑里逐渐形成了主攻目标：粉磨装备。

我国的水泥生产用老式的粉磨装备，粉磨电耗占整个电耗的70%左右。后来采用辊压机+球磨机的创新方式，显示了一定的优势，但仍不理想，粉磨单位电耗34kWh/t以上，居高不下。21世纪初，日本CKP磨流入中国，将传统立磨的风选系统去除，作为预粉磨与球磨机串联，比传统的立磨节能，但在中国尚未形成态势型技术。于是，王华业决定研制基于CKP又优于CKP的粉磨装备。

对于外行来说，水泥机械的粉磨装备一窍不通，即使有专家或技术人员讲解，也是一头雾水，隔行如隔山。但是，隔行不隔理。现在的青年人甚至中年人，都不知道麦粉是从哪里来的，老年人都知道，是用石磨磨出来的，有的是用碓捣鼓出来的，人力制作麦粉非常辛苦，效率极低，所以，过年才能吃上馍和糕。20世纪70年代以后，海安农村逐步实现机械化，麦粉就不稀奇了。

生产水泥的过程与生活中制作麦粉的过程有相似之处，最大的不同：麦粉的原料是粮食，而水泥的原料是石灰石。水泥发明者是否受到生活中磨麦的启示？不知道！但有一点是肯定的，现在大家都把水泥说成现代建筑的粮食，没有人反对。

粉磨是水泥机械大家族中关键角色之一，在水泥事业发展的每个阶段中，都有一批磨机专家和代表人物。2011年，人们欣喜地看到：FPP—中国创造。代表当今世界先进水平。

FPP 是飞鹏预粉磨的英文缩写，江苏飞鹏重型设备有限公司和江苏赛日实业有限公司（飞鹏子公司）共同研制。

FPP 磨机 + ZLS 自流振动筛构成一种新型的粉磨工艺，具有效率高、电耗低、噪音低、磨损小，工艺流程简单、产量大、投资省等优点。

节能减排是目前全社会都关注的课题，也是各行各业的用户以及设备研发和制造单位应尽的责任。

中国建材联合会领导及专家考察 FPP 磨使用现场

FPP 磨在浙江安吉宏大粉磨水泥有限公司运行一年，使原有球磨机的台时产量提高 28t，提高 70%，单位电耗降低 10kWh/t，节电 25% 以上。按 $\phi 3.2 \times 13m$ 水泥磨采用 FPP 磨系统改造后的情况来计算，台时产量由 42t 提高到 70t。

FPP 磨作为水泥厂生产的预粉磨设备在这方面显示其突出的优势。现以年产 60 万 t 的粉磨系统为例分别与以辊压机为预粉磨、无预粉磨球磨机水泥粉磨系统的情况进行比较如下：

以 $\phi 3.2 \times 13m$ 水泥磨进行预粉磨系统改造为例：辊压机预磨粉系统，

水泥粉磨能耗：29kWh/t，FPP 预粉磨联合水泥粉磨系统能耗：25kWh/t。每吨节电 4kWh，年节电 240 万度，折算节煤 864t 标准煤，减少 CO_2 的排放量 2592t。

FPP 预粉磨与无预粉磨水泥粉磨系统比较：

无预粉磨水泥粉磨能耗：35kWh/t 水泥，FPP 预粉磨联合水泥粉磨系统能耗：25kWh/t 水泥。每吨节电：10kWh/t 水泥，年节电：600 万度，由此可节煤：2160t 标准煤，减少 CO_2 的排放量：6480t。

由此可见，采用了 FPP 磨作为水泥预粉磨设备不仅可以节能，更有利于减少 CO_2 的排放，完全符合社会环境保护的要求。

2010 年 3 月 13 日，中国首创 FPP 磨鉴定会在南京饭店召开。

"FPP 预粉磨技术与设备研发"新技术新产品鉴定会

鉴定意见

2010年3月13日，中国建筑材料联合会在南京组织召开了由江苏飞鹏重型设备有限公司承担的"FPP预粉磨技术与设备研发"项目鉴定会。与会专家听取了项目完成单位所作的工作报告、研制报告及用户使用报告等，经质询、讨论，鉴定意见如下：

1、提供的资料齐全，数据可信，符合鉴定要求。

2、该项目在消化吸收国外先进粉磨技术的基础上，创新改进了加压机构，开发了定位喂料、磨内分级等装置，并采用变质剂技术提高了耐磨件的性能；研制了自流振动筛替代气流分级，集成为"FPP磨机+ZLS自流振动筛"挤压预粉磨工艺与设备系统。

3、由FPP170预粉磨配置的 $\phi 3.2 \times 13m$ 开流水泥磨系统，已在浙江安吉宏大粉磨水泥有限公司运行近一年，系统产量平均达到70t/h以上，比原球磨机系统提高28t/h；系统电耗由36kWh/t降低到26kWh/t；经武汉鑫缘绿色冶金渣技术开发有限公司预粉磨系统使用表明：预粉磨矿渣时辊套可达5000小时，衬板可运行10000小时以上。设备投资省、运行稳定、操作与维修方便。

4、江苏飞鹏重型设备有限公司拥有完整的工装设备和质量保证体系，设计图纸及有关技术文件完备，可以用于指导生产，标准化系数较高，备品配件有可靠保障，FPP预粉磨系统设备已具备批量生产和销售的必要条件。

5、FPP预粉磨技术与设备的成功研制，填补了国内空白，系统性能达到国际先进水平。市场前景良好，对水泥工业结构调整、节能减排有积极的推进作用。

建议进一步开展设备大型化、系列化的研究，不断开拓国内外市场。

鉴定委员会主任： 谢泽   副主任：

2010年3月13日

鉴定组织单位意见：

2010年04月07日

飞鹏一飞冲天！

不仅仅是一种新产品问世那样简单，意义非同凡响。

请看鉴定会成员名单：

序号	鉴定会职务	姓名	工作单位	所学专业	现从事专业	职称/职务	签名
1	主任委员	谢泽	中国建材联合会科技教育委员会	流体力学	水泥	教授级高工	
2	副主任委员	季尚行	中材国际工程有限公司南京水泥设计院	无机材料	水泥	教授级高工	
3	副主任委员	孔祥忠	中国水泥协会	水泥	行业管理	教授级高工	
4	委员	黄之初	武汉理工大学	机械	建材机械	教授	
5	委员	匡鸿	浙江三狮集团	水泥	生产管理	高级工程师	
6	委员	狄东仁	中材国际工程股份有限公司	水泥	水泥、管理	教授级高工	
7	委员	张永龙	合肥水泥研究设计院	机械	建材机械	教授级高工	
8	委员	王玉敏	中国建材机械工业协会	建材机械	行业管理	高级工程师	
9	委员	柴星腾	天津水泥工业设计研究院有限公司	水泥工艺	粉磨技术	教授级高工	

一目了然，都是水泥机械领域的技术权威。他们的评价和认可，标志着飞鹏从中国制造一跃而为中国创造，登上市场竞争的制高点。

再看项目参与人员名单。

序号	姓名	文化程度	职称	对本项目的主要贡献
1	王华业	大学	高级工程师	调研，立项，方案设计，主编资料
2	王燕	大学	经济师	申报项目，总销售
3	张嘉程	大学	工程师	设计FPP磨主体

续表

序号	姓名	文化程度	职称	对本项目的主要贡献
4	何立春	大专	工程师	设计辅助机件，现场调试
5	陈翔	高中	助工	设计液压系统，现场调试
6	万霞	大学	助工	工艺制图，资料整理
7	陈超	大学	助工	设计ZLS自流振动筛
8	赵呈章	大学	助工	设计工装
9	陈卫华	高中	助工	样机的生产
10	王华俊	高中	助工	样机的外协、外加工
11	王华树	大专	工程师	衔接标准
12	丁加根	大专	工程师	球磨机内部结构设计
13	姜大志	博士	教授	技术、资料审查

从设计到制造，都是本企业完成，反映飞鹏的技术实力和制造实力。

领军人物王华业被鲜花簇拥、被掌声抬起，灿烂地笑了。

王氏家族企业员工笑了，每个人都感到骄傲和自豪。

人生有大喜也有大悲。

就在FPP磨通过鉴定之后，从北京传来不幸的消息，黄有丰总工程师与世长辞。年逾九十，算是寿终正寝。但王华业还是十分悲痛，想到黄老总对自己的帮助，点点滴滴在心头。可恨自己老气管炎又发作了，不能亲赴八宝山送恩师一程，派儿子王燕前去代为吊唁，并自拟一副挽联送上：

鹏球结俗缘　技教山高水长　飞磨作蒲团　德化天渺地厚

第十八章　创无止境

　　FPP磨的研发成功是飞鹏的一大创造，系统性能达到国际先进水平，堪称中华第一磨。在水泥生产过程中，王华业曾经带着用筛子筛分物料的课题到天津水泥机械设计院与王仲春切磋。

　　王仲春是教授级高工，国家有突出贡献的专家。无独有偶，王仲春的研究课题与王华业的相同，在科技界和学术界，术语叫撞车。

　　撞车很讨厌，从个人名利出发，相互保密，不说真话是很正常的，谁愿意将自己的科研成果让人分享呢？

　　或许王华业的身份与国字号研究人员不同，彼此不在一个层面上竞争。王仲春如实地向王华业讲述自己的困惑。第一，用筛子筛分水泥，因为筛子太小，不能适应水泥产量；第二，筛网不耐磨，用不到5天就坏。投进不少精力，花费不少试验费都失败了。

　　他山之石，可以攻玉；他人的失败，可以借鉴。王华业坚信一条：用筛子分级物料，用于水泥生产过程能耗省、设备少，没有专门筛水泥的筛子，为什么不能量身定做呢？于是，他开始设计机械筛子，定名为自流振动筛，利用倾斜角度让物料自流，在流动过程中进行筛分，既减少物料重量对筛网的磨损，又减少动力消耗。

　　第一台3.6m^2自流振动筛设计制造成功，用在安吉宏大水泥厂，一次成功。以后，设计制造的7.8m^2，用于四川仁寿汪洋水泥厂，总的情况还可以，不是十分理想。

FPP 磨通过部级鉴定，获得国家科技进步三等奖。

时下中华大地各行各业评奖活动多如牛毛，五花八门奖项枚不胜举。王华业的飞鹏团队拿到科技部颁发的三等奖，含金量有多高？

无法用金钱去衡量！

还是用事实说话。

就在 FPP 磨通过鉴定不久，国家发改委下令要求在 2013 年底前水泥行业淘汰 $\phi 3m$ 以下高能耗低产能球磨机，上大改小。大家都知道，发改委是抓全局经济建设的，高能耗、高污染是我国经济发展中的突出问题，点名水泥行业限时限刻整改到位，FPP 磨低能耗，符合环保要求是发展的方向。

王华业又在干什么？

他从来没有在成功面前沾沾自喜、止步不前。飞鹏的研发工作，继续深化，向深层次进军！向水泥生产无球化粉磨设备进军！向世界先进的节能降耗指标进军！

目标具体明确。

一、紧紧围绕大水泥的节能降耗，创新设计大型分级机。

二、紧紧围绕大水泥的节能降耗创新设计辊筛机。

三、紧紧围绕粉磨系统的物料流程技术参数的智能化，做到生产流程在线数据偏移有效控制。

立项一：研发大型 FPS 粗粉分级机。

在总结 ZLS 自流振动筛的基础上研发 FPS 粗粉分级机，除具有 ZLS 自流筛的一切优点外，还具有以下优点：

①采用撒料盘，实现周边匀速卸料。

②筛分面积有效扩大，适应于大水泥。

③筛条采用牌号 314 不锈钢，条宽采用 8mm 的厚度，通过以上举措，确保 FPS 粗粉分级机筛子使用 4000 小时以上。

④采用多台惯性电机振打卸料，筛分效率高。

⑤采用橡胶隔振簧，对外壳筒体无振动。

立项二：将 FPP 磨与 FPS 棱台分级机，两机组合成辊筛机，既可以作为预粉磨设备使用，又可以作为终粉磨设备使用。其优点：

①辅助设备大量减少。

②占地面积小，投资省，土建工程费用低。

③节能降耗，运行费用低。

④工艺流程简单，结构紧凑，扬尘点小，有利于工作人员身心健康。

立项三：在整个粉磨生产中实施有效监控和应用数据的在线调整，如分料机、流量计量秤、供热炉、在线水份测量仪等，采用数据测量，信息反馈，实现粉磨系统在线的智能化，达到产品高质量，生产高效率，节能更降耗，粉磨水泥单位能耗从 38kWh/t 降低到 24kWh/t，为粉磨行业优质高产、节能降耗，提供新设备、新技术、新工艺，推动粉磨行业的技术进步，实现由中国制造转化为中国创造，开辟粉磨行业历史新纪元。

为了满足新设备、新技术的生产、推广、应用，飞鹏、赛日再上新台阶。飞鹏公司、赛日公司不断向管理智能化、职工科技化、工厂园林化、规模大型化迈进。

山外青山楼外楼。科技创新、科技进步永无止境。王华业毕生从事水泥机械行业，心无旁骛，他从来不愿意跟在别人后边亦步亦趋。由于年龄原因，身体原因，给自己和企业确定的目标既有前瞻性，又有实现的可靠性。

第十九章　烨烨生辉

2004年，王燕处在人生十字路口。

他的人生一片坦途。

1971年12月，王氏家族添了一丁，破了三代人头胎生男孩记录，姐姐王云抢前来到人间。

或许对屈居老二愤愤不平，哭闹不休。到了第八天，不哭也不哼，父亲从上海赶到家，轻轻用手在小鼻孔上拭一拭，还有气，急忙将母子送进大公公社医院。

24小时过去，他"哇"地哭出声，是对不负责任父亲的严重抗议。

1992年9月，徐州财校毕业，分配到海北乡财政所工作。

1993年，调海北印刷机械厂任副厂长。

1995年8月，调海安县财政局办公室工作。

2000年，任海安县财政局稽查大队副队长。

在职学习，获得中央党校经济管理专业本科文凭、苏州大学成人学院经济管理专业大专文凭。

2004年，县委决定公开选拔乡镇党委副书记，王燕以笔试第一名入围，各方面考察都不错，就等行文公布了。此时，他突然向财政局领导打报告，要求到企业工作。

33岁，精力旺盛，才华焕发，仕途灿烂，放着人皆羡慕的前程不奔，却去自讨苦吃，理解的人少之又少。

他的选择实属无奈。

妻袁霞不反对也不支持，俗话说：十八不开口，神仙难下手。

王燕摊牌了：你同意更好，不同意我也得干。爸爸出山，是我的主意。前天我回家看到他，脸色很不好，有个三长两短，他倒下，厂必垮，后果不堪设想。

袁霞非常生气：你别威吓我，好吗？

王燕窃喜，闷葫芦终于打开了。

开口就好办：我尊敬的夫人，敝人不敢。

袁霞：能说出口，还有不敢的吗？

王燕：人生不断遇到两难选择，表示我的选择已经坚定不移。当机关干部，对自己，对小家庭，都是愉快幸福的。但是，让老父亲吃苦受累，独自承担企业，于心不忍。古人说过：树欲静而风不止，子欲孝而亲不在。如果老头子累倒病倒，我官做得再大，一辈子都受到良心的谴责。

袁霞：我没有反对啊！

王燕：我有思想准备，你有吗？我父亲搞一辈子企业，母亲挨了一世的搞。我上企业，孩子上学没人照应，家务事没人帮你做，你不是全职太太，每天要上班，吃得消吗？

袁霞：我生来命苦，全家农转非最后一人就是我。我的父亲是个有良心男人，他曾经说过：人家女人是人，我家女人是牛。命中注定，不能挨也得挨，嫁鸡随鸡，嫁狗属狗。

王燕笑笑说：只要你不抱怨，我是鸡是狗没关系。

袁霞扑哧笑出声：你不配做狗，狗能看门，你能吗？

当时，县委、县政府鼓励机关干部到企业工作，于是，王燕就到飞鹏上班。

事业对于男人，可以视为第二生命，他的决断是男人的生存赌博。

无可奈何花落去，似曾相识燕归来。

王华业在镇办厂拼搏30余年，带出一大批徒弟，培养了数十位企业之花。一阵改制暴风,花儿纷纷离他而去,个别花儿变为白眼狼,咬他一口。他曾经耿耿于怀,无限纠结。时间是医治心灵创伤的唯一药方,渐渐地认识到,世界上万事万物每时每刻都在变化,所谓不变,只是相对的。

他竖起了飞鹏大旗,原来旗下之人担心新企业前景难测,跑过来的并不多,使得他常常陷于势单力薄的困境之中。现在,家燕飞到身边,内心的喜悦是可想而知的。

王燕曾将选拔副书记的考试结果告诉他,也曾坦露下海帮他一把的心曲。他说:你的事你做主,我的老子从来没有设计过我的前途。

或许有人怀疑王华业对自己的儿子玩江湖。其实,他心中早有结论:官场难玩,这是自己一生的经历告诉他的。企业改制后,权力不被或者说不完全被控制在官手里,能够施展主办者的才华,在市场的汪洋大海中游泳,是沉还是浮,全看各人的本领和毅力了。

当王燕到飞鹏报到的时候,王华业满意地点点头,在心里说:有种!

王燕对企业并不陌生,当过一年乡办厂副厂长,在财政局工作,经常与企业打交道,不能说熟门熟路,至少不会手足无措。他主动承担抓全厂的销售工作。销售是厂里诸项工作中重要一项。王华业对他说:你能拿到订单,我就能把它做出来。

王燕说:过几年我才敢说,胸口好拍,兑现难,我知道你是在鼓励我。

父子俩开始就较上劲,实际上是在精神上相互激励。人在困难时期更需要精气神,这跟阿Q的精神胜利法毫无共通之处。

销售和生产是工厂的两只轮子,缺一就玩不转。原来的鹏飞集团,如果问谁发了财,大家会异口同声告诉你:销售能人。这跟掌门人王华业的办厂宗旨有关,他认为办厂要追求两个效益:企业效益和社会效益。产品适销对路,物美抢手,如果视为奇货可居,定价过高,他断然否决,因为有碍新产品的推广和普及,损伤社会效益。国家建材局领导和黄老总就是这个指导思想,王华业心领神会,贯彻始终。

他一直在抢占水泥机械行业科技制高点，几十项专利和几百本荣誉证书是铁证，心血和汗水打造了中国水泥机械制造、安装、服务的品牌：江苏鹏飞集团，这个品牌值多少钱？据北京某权威机构估算，至少人民币1个亿。

品牌是销售人员手中的金钥匙，销售员的所得是基本工资加利润提成，搞定客户多，提成也多，发财理所当然。

有人发财也就有人得红眼病，得红眼病的人把矛头对准王华业，怀疑他得了销售员的好处，散布流言蜚语。王华业愤怒地说：放屁！谁有本事销售，站出来，我立马批准！

王燕抓飞鹏产品销售，原则中有一条：不拿基本工资。或许有人会说：家族企业，拿不拿工资，左边口袋通到右边口袋，没有区别。此话差矣！飞鹏有十几个股东，少数股东不是家族中人。再说，即使都是亲缘关系，也要亲兄弟，明算账。多少至爱亲朋为一已私利，搞得焦头烂额，甚至大打出手、对簿公堂。人是自私自利动物，婴儿出生后哭着要吃奶，妈妈将奶头塞进他（她）嘴，不哭了，生存的本能促使他（她）发出哭的信号。

王燕不拿基本工资，自有他的用意。

他的老爸太能干太有名了，外人嘴上不说，心里都有数，他下海就是借助老爸捞一把。"富二代"的称呼有人安之若素，甚至沾沾自喜。中国有一大批"啃老族"，越啃越有味，直到啃不到油水，剩下老皮老骨的时候，世风如此，谁能扭转？！

他，王燕！有血性有自尊的男子汉，盼望有一天，走出父亲的阴影。世人不再说，他是王华业的儿子，直截了当地叙说他的人生履历。

他要用事实来诠释他的人生。

事实是什么呢？

刚刚10周岁的飞鹏就成为海安县百强企业之一，排名第90位。百强有许多指标，其中税收和开票销售是硬邦邦的数字，掺不得半点假。飞鹏税收排名第 89 位，开票销售排名第 92 位。

王燕对飞鹏的贡献是公认的，身为总经理完全称职。2006 年，他参与研制的 FPP 磨项目研制，荣获国家火炬计划项目、全国建材行业技术革新三等奖、南通市科技进步三等奖。他个人获海安县科技进步二等奖。2007 年被江苏省委组织部列为"333 高层次人才培养工程"培养对象，2008 年被省人才办列为"江苏省创新创业优秀人才培育计划"培养对象、第五届中国科学家论坛特邀嘉宾，评为中国建材机械先进工作者。2009 年海安县政府组织的评优活动，他被评为"十佳青年企业家"之一。

飞鹏 10 周岁，王燕到飞鹏还不到 10 年，他靠自身的奋斗，赢得在飞鹏这个群体中的地位，赢得社会的尊崇。

2013 年春节后的初六，老规矩，各行各业正式营业，王燕主持新一年的开局会议，他在会议上主要强调一点：民无信不立，商无信不兴，国无信不强。着力打造企业的信誉体系建设，是飞鹏的奋斗目标，公司多次被省、市政府、金融部门评为 AAA 级信誉企业。在实现可持续发展的进程中，仍然要长抓不懈。打铁必须自身硬，诚交天下之友，信结四海宾朋。市场经济的大洋大海，东南西北风无法预料，惟有诚信可以抵挡和顺应各种风向浪潮，立于不败之地。

他的坚定信念与王华业治厂一脉相承。

王华业在哪里？

他在祖国宝岛海南疗养。

2012 年的冬天，寒潮一波一波地袭击江海平原，南通地区虽然温度比北方高得多，但滨江临海，空气湿度大，湿冷比干冷更难受。王华业 20 多年的老气管炎又发作了，住进海安县中医院。

小女儿王梅是该医院医生，女婿姜峰在县检察院任科长，照顾他很方便。

经过检查，医生直言相告：情况严重，出现肺气肿，如果药物控制不住，就很难对付了，建议他治疗以后到南方去避寒，等天气转暖后再打转。

他欣然采纳医生的忠告。

几年前,他在车间里劳动,不慎跌断了腿,住进县中医院,朋友去看他,他感慨地说:不跌不知道老了,人是不可能英雄一辈子的。老气管炎的最后警告,他心服口服:该休息了,休息是他人生最后一次明智的选择。

美丽的海南,从海口到三亚,到处郁郁葱葱,成片的椰林,绿油油的稻田,树荫环抱的村庄,亚龙湾金色的沙滩,从北到南出没于山丘间的柏油马路,湛蓝的天空与同样湛蓝的海水拥抱在一起。祖国宝岛海南,既是清纯水灵的少女,又是风姿绰约的少妇。王华业平生第一次在少女和少妇的怀抱中得到超级享受,他贪婪地吸进清新的气息,饱览神秘妙不可言的秀色,陶醉了,沉睡了。

豪华的大巴将他带到"天涯海角"。

《红楼梦》中林妹妹曾无可奈何地发问:天尽头,何处是香丘?

王华业不是林黛玉,他很满足,不会去问天问地。

是的,他生逢盛世,事业有成。在他的影响下,大女儿王云和大女婿周建军也从事水泥机械事业,拥有两个公司:鹏飞建筑工程有限公司和新鹏机电设备有限公司。当然,最使他感到满足和欣慰的是飞鹏有了放心的接班人。

木秀于林,"风"功摧"绩"。王华业,身处僻壤,登堂入室。他的成功,自身的奋斗当然是主因,然而,外因正能量的"助力"和负能量的"摧绩"必不可少;当中国新时代出现一些"富二代"、国人纷纷担忧的时候,王燕用行动证明江山代有才人出,历史悠久的中华民族是不可能垮在哪一代人手上的。

王华业、王燕,父子两代人都成为中国水泥机械行业翘楚,天意成全王氏家族。

旧时王谢堂前燕,飞入寻常百姓家。

附1　王华业荣誉简表

（1986～2012年度选录）

序号	时间	授予部门	奖励内容	备注
1	1986.07	南通市委	优秀共产党员	荣誉证书
2	1988.04	海安县政府	"DZC型电子自动计量配料秤"获科技进步二等奖	证书
3	1988.04	海安县政府	"KJ-Ⅲ型"水泥熟料库顶运输机获科技进步一等奖	证书
4	1988.04	海安县政府	"水泥机械立窑水平料封出料机"获科技进步二等奖	证书
5	1988.04	南通市政府	南通市劳动模范	证书
6	1988.12	海安县委	优秀共产党员	荣誉证书
7	1989.04	南通市经济委员会	"K3-Ⅲ系列水泥熟料库顶输送机"获优秀新产品	开发证书
8	1989.04	南通市经济委员会	"改造型预加水成球技术系列装备"获优秀新产品	开发证书
9	1989.05	海安县科学技术委员会 海安县人事局 海安县工业委员会	优秀技术人员	奖励证书
10	1989.07	海安县政府	"改造型预加水成球技术系列装备"获科技进步一等奖	荣誉证书
11	1989.10	海安县委	优秀共产党员	荣誉证书
12	1990.01	南通市政府	"水泥机械立窑水平料封出料机"获科技进步三等奖	荣誉证书
13	1990.01	南通市政府	"KS-Ⅲ型水泥熟料库顶输送机"获科技进步三等奖	荣誉证书
14	1990.01	南通市政府	"DZC型电子配件秤"获科技进步四等奖	荣誉证书
15	1990.01	南通市政府	"改造型自动控制预加水成球技术装备"获科技进步三等奖	荣誉证书
16	1990.02	海安县委 海安县政府	中青年专业技术拔尖人才	证书
17	1990.03	南通市人民政府	南通市乡镇企业家	荣誉证书
18	1991.02	南通市经济委员会	南通市先进质量工作者	奖状
19	1991.03	海安县建材工业公司	建材行业质量管理先进个人	荣誉证书
20	1991.03	海安县建材工业公司	建材行业企业先进负责人	荣誉证书

续表

序号	时间	授予部门	奖励内容	备注
21	1991.06	海安县人事局 海安县乡镇企业管理局	乡镇企业优秀厂长	荣誉证书
22	1991.06	南通市人事局 南通市乡镇企业管理局	南通市乡镇企业先进科技工作者	荣誉证书
23	1991.06	海安县委	优秀共产党员	荣誉证书
24	1991.07	江苏省计划经济委员会	"ZB型液压传动转摆塔式机械立窑新技术"获省优秀新技术推广项目"金牛奖"	证书
25	1991.09	南通市经济委员会	"液压传动转摆式塔机窑新产品"获南通市第二届优秀新产品"金鹰奖"	证书
26	1991.11	南通市科学技术委员会 南通市专利管理处	南通市专利工作先进工作者	奖状
27	1992.02	南通市政府	南通市乡镇企业家	荣誉证书
28	1992.02	海安县乡镇企业管理局	先进工作者	荣誉证书
29	1992.03	海安县科学技术协会 海安县工业委员会	"讲理想 比贡献"先进个人	荣誉证书
30	1992.04	海安县政府	"ZB型液压传动转摆塔式机械立窑"获科技进步一等奖	荣誉证书
31	1992.04	南通市乡镇企业管理局	生技工作先进个人	荣誉证书
32	1992.05	南通市政府	"QLL-Ⅰ型高效离心式选粉机"获科技进步二等奖	荣誉证书
33	1992.06	海安县政府	科技兴县先进工作者	奖状
34	1992.06	南通市人民政府	南通市中青年专业技术拔尖人才	荣誉证书
35	1992.09	江苏省科学技术进步奖评审委员会	"ZB型液压传动转摆塔式机械立窑"获科技进步三等奖	证书
36	1992.09	南通市政府	"ZB型液压传动转摆塔式机械立窑"获科技进步二等奖	证书
37	1993.01	海安县委 海安县政府	优秀厂长称号	荣誉证书
38	1993.03	江苏省计划经济委员会	"QLL-Ⅰ型高效离心式选粉机"获优秀新产品"金牛奖"	开发人员奖励证书
39	1993.04	海安县政府	"QLL-Ⅰ型高效离心式选粉机"获科技一等奖	荣誉证书
40	1993.05	南通市委	科技战线优秀共产党员	荣誉证书

续表

序号	时间	授予部门	奖励内容	备注
41	1993.05	南通市政府	"QLL-Ⅰ型高效离心式选粉机"获科技进步二等奖	荣誉证书
42	1993.06	海安县委	科技战线优秀共产党员	荣誉证书
43	1993.07	南通市委 南通市政府	"南通市科技兴市功臣"称号	荣誉证书
44	1993.10	江苏省科学技术委员会	火炬计划先进工作者	荣誉证书
45	1993.11	江苏省专利管理局	"成球机成球盘中心轴传动刮刀"获"佳利奖"银奖	荣誉证书
46	1993.12	南通市科学技术委员会	"液压传动转摆塔式机械立窑"获"发明创造创新奖"三等奖	荣誉证书
47	1993.12	南通市科学技术委员会	"盘式中心传动刮刀成球机"获"发明创造创新奖"鼓励奖	奖励证书
48	1994.02	南通市政府	南通市乡镇企业家	荣誉证书
49	1994.03	海安县人民政府	科技兴县先进工作者	荣誉证书
50	1994.04	南通市委组织部 南通市委宣传部 南通纪律检查委员会	"优秀共产党员"称号	荣誉证书
51	1994.04	江苏省建筑材料工业局 江苏省建筑材料总公司 江苏省建材企业家协会	江苏省建材行业优秀厂长	荣誉证书
52	1994.06	海安县委	优秀共产党员	荣誉证书
53	1994.08	联合国技术信息促进系统中国国家分部	"QLL-Ⅰ型高效离心选粉机"获发明创造科技之星奖	荣誉证书
54	1994.11	中华人民共和国农业部	全国乡镇企业供销系统优秀供销员	证书
55	1995.02	南通市科委 南通市经委 南通市专利管理处	南通市优秀专利企业家	荣誉证书 奖杯
56	1995.02	江苏省建筑材料工业局 江苏省建材企业家协会	"优秀企业家"称号	荣誉证书
57	1995.02	海安县政府	县工业供销工作先进个人	荣誉证书
58	1995.02	南通市政府	市供销工作先进个人	荣誉证书
59	1995.02	海安县委 海安县政府	优秀厂长	荣誉证书

续表

序号	时间	授予部门	奖励内容	备注
60	1995.03	江苏省建筑材料工业局	先进个人	荣誉证书
61	1995.08	南通市委 南通市政府	中青年专业技术拔尖人才	荣誉证书
62	1995.10	海安县政府	科技兴县先进工作者	荣誉证书
63	1995.11	江苏省乡镇企业管理局	管理成果三等奖	证书
64	1995.12	农业部乡镇企业局	"预加水中心轴传动刮刀成球机"获"科技奖"二等奖（第一名）	证书
65	1996.01	江苏省建筑材料总公司	建材行业优秀厂长（经理）	荣誉证书
66	1996.02	海安县委 海安县政府	优秀厂长、经理	荣誉证书
67	1996.02	南通市政府	营销工作先进个人	荣誉证书
68	1996.03	南通市政府	市乡镇企业家	荣誉证书
69	1996.03	海安县政府	工业供销工作先进个人	荣誉证书
70	1996.04	海安县政府	"预加水中心轴传动刮刀成球机"获科技进步三等奖	荣誉证书
71	1996.04	海安县政府	"HRM型立式磨"获科技进步二等奖	荣誉证书
72	1996.04	海安县政府	"PL-91型微机配料系统"获科技进步二等奖	荣誉证书
73	1995.06	江苏省乡镇企业管理局	"QLL-Ⅰ型高效离心选粉机"项目第一完成人，获省乡镇企业科技进步三等奖	证书
74	1996.07	南通市委	"南通市优秀共产党员"称号	证书
75	1996.07	山西省吕梁地区劳动竞赛委员会	水泥技改特等功	立功证书
76	1996.08	南通市政府	"HRM型立式磨"获科技进步三等奖（第一名）	证书
77	1996.08	南通市政府	"预加水中心轴传动刮刀成球机"获科技进步四等奖（第一名）	证书
78	1996.09	南通市经济委员会	南通市优秀企业家	奖杯
79	1996.09	江苏省科学技术进步奖评审委员会	"HRM型系列立式磨"获科技进步三等奖	证书
80	1996.12	江苏省人事厅	机械工程技术高级工程师	证书
81	1996.12	中华人民共和国农业部	"预加水中心轴传动刮刀成球机的研制"（第1完成人）获部级科技进步三等奖	证书

续表

序号	时间	授予部门	奖励内容	备注
82	1996.12	江苏省乡镇企业管理局	"江苏省乡镇企业家"称号	证书
83	1997.01	海安县政府	营销工作先进个人	荣誉证书
84	1997.02	海安县委 海安县政府	先进厂长	荣誉证书
85	1997.03	南通市乡镇企业局	优秀外经管理工作者	荣誉证书
86	1997.04	海安县科学技术委员会	科技进步目标管理先进工作者	证书
87	1997.06	江苏省人民政府	中青年有突出贡献专家	证书
88	1997.06	海安县委	十佳党员标兵	奖状
89	1997.07	江苏省计划经济委员会	开发设计的"HRM型系列立式磨"新产品评为江苏省优秀新产品	荣誉证书
90	1997.07	海安县政府	大中专毕业生工作先进个人	荣誉证书
91	1997.09	江苏省科学技术委员会 江苏省专利管理局	省专利工作先进个人	奖牌
92	1997.09	南通市委 南通市政府	"优秀知识分子"称号	荣誉证书
93	1998.01	海安县委 海安县政府	优秀厂长	荣誉证书
94	1998.02	南通市人民政府	南通市乡镇企业家	荣誉证书
95	1998年	中华人民共和国人事部	中青年有突出贡献专家	证书
96	1999.07	海安县政府	"新型GRC轻质隔墙板"获科技进步三等奖	证书
97	2000.02	海安县委 海安县政府	优秀经理	荣誉证书
98	2000.02	南通市委 南通市政府	"优秀企业经营者（企业家）"称号	荣誉证书 奖牌
99	2000年	世界文化艺术研究中心 中国科技研究交流中心 中国国际交流出版社	世界优秀专家人才	证书
100	2001.02	南通市委 南通市政府	优秀乡镇企业家	荣誉证书 纪念牌
101	2001.02	海安县委 海安县政府	优秀企业经营者	荣誉证书
102	2001.12	海安县政府	"PG型系列球磨机"获县科技进步二等奖	证书

续表

序号	时间	授予部门	奖励内容	备注
103	2001.12	海安县政府	"PYS型窑尾收尘系统技术装备"获县科技进步二等奖	证书
104	2002.02	海安县委 海安县政府	优秀企业经营者	荣誉证书
105	2002.02	南通市委 南通市政府	南通市优秀乡镇企业家	证书
106	2004.06	中国国情调查研究会	行业高级研究员	荣誉证书 纪念牌
107	2004.09	中国国际行业组织研究会	中国百名行业创新杰出人物金象奖	奖牌 荣誉证书
108	2007.12	中国建筑材料联合会 中国机冶建材工会委员会	2007"中国建材杯"全国建材行业技术革新奖三等奖（技术开发类）	证书
109	2009.10	国家知识产权局 知识产权出版社	发明成就录入《中国专利发明人年鉴》第十一卷，并荣获"建国六十周年百名优秀发明家"	荣誉称号 证书
110	2010.12	中国建材机械工业协会	"ZLS型自流振动筛"获"鹏飞"杯第四届全国建材机械行业技术革新奖二等奖	荣誉证书
111	2011.01	中华人民共和国科学技术部 中国建筑材料联合会 中国硅酸盐学会	"FPP预粉磨技术与设备研发"个人获"建筑材料科技进步三等奖"	证书
112	2011.04	中国建材报社	"十一五"水泥行业杰出科技人物	荣誉证书
113	2011.07	中国建材机械工业协会	"十一五"建材机械企业领军人物	荣誉证书
114	2011.11	中国乡镇企业协会	乡镇企业家工作委员会第四届理事会常务理事（2011.11~2016.11）	荣誉证书
115	2011.11	中国区域经济发展研究院 中国区域经济杂志社	2011年科学发展与构建和谐社会理论实践成果一等奖	荣誉证书 奖杯
116	2011.12	南通市人民政府	"FPP预粉磨技术与设备研发"荣获南通市科技进步二等奖	奖励证书
117	2012.01	海安县人民政府	"FPP预粉磨技术与设备研发"荣获海安县科技进步二等奖	奖励证书
118	2012.04	中国建材机械工业协会	中国建材机械工业协会第一届专家委员会委员 聘期二年	聘书

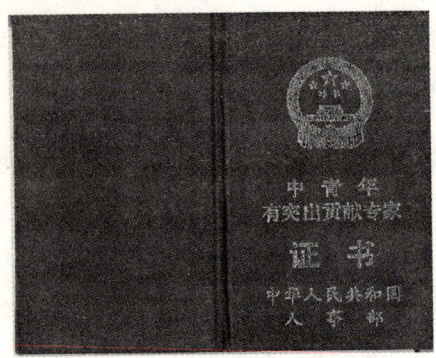
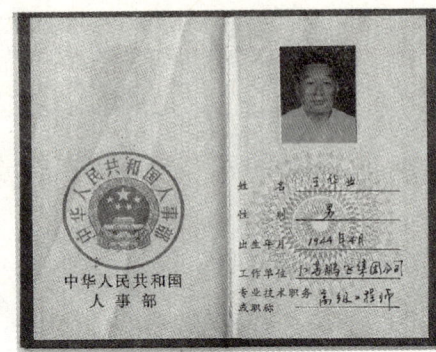
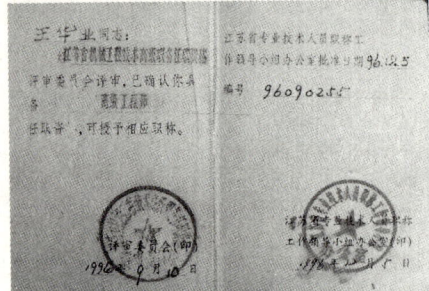
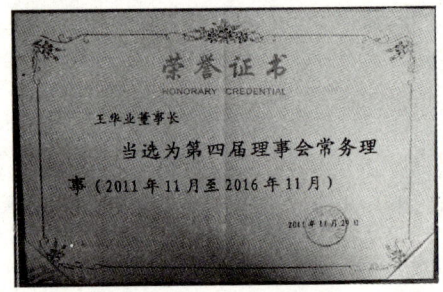
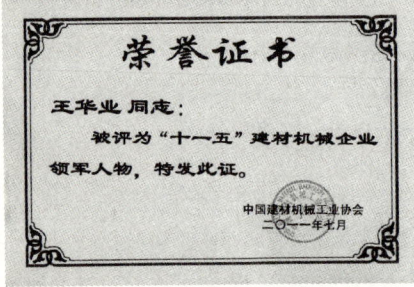
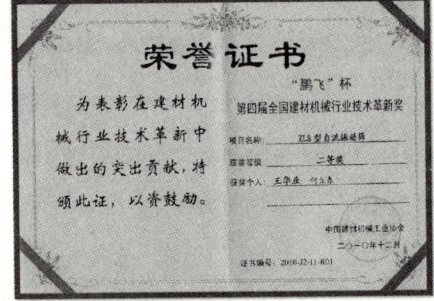
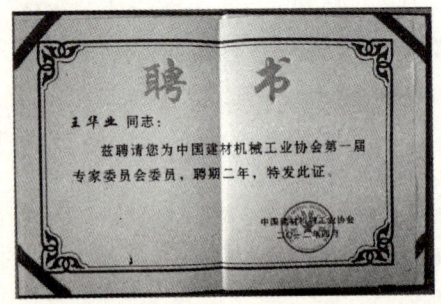
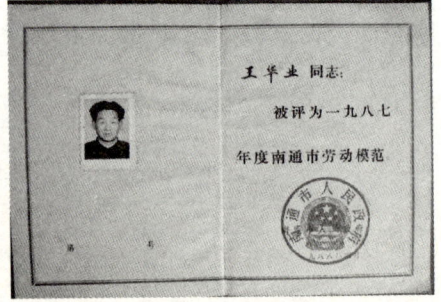

附1 王华业荣誉简表

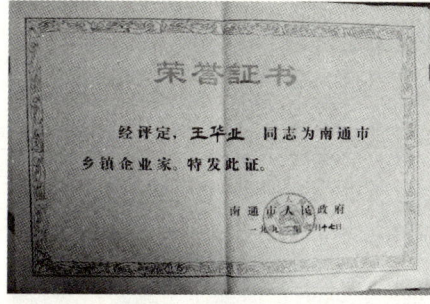

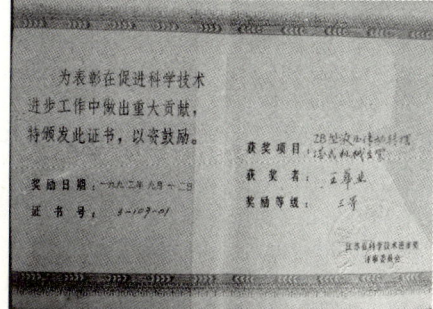

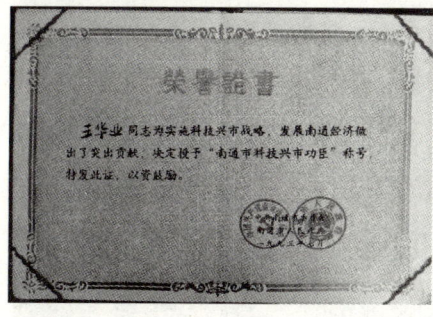
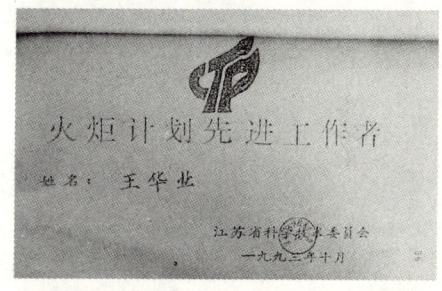
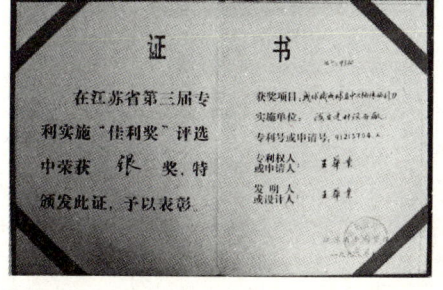
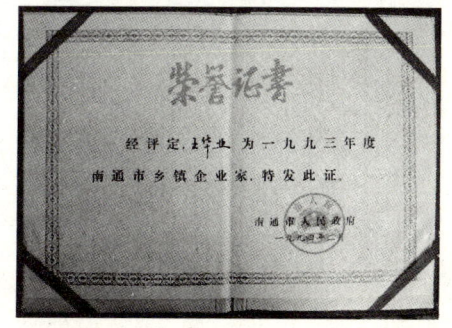

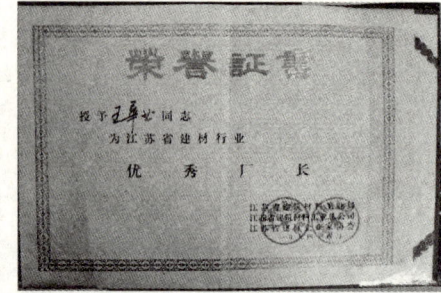
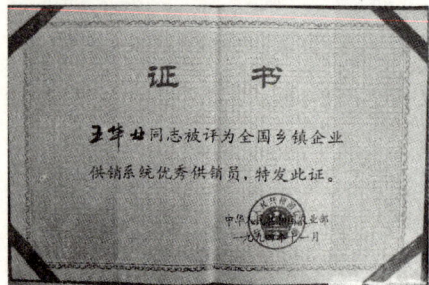
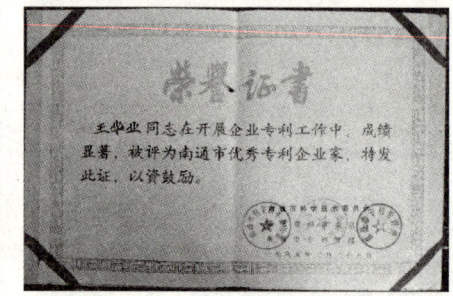
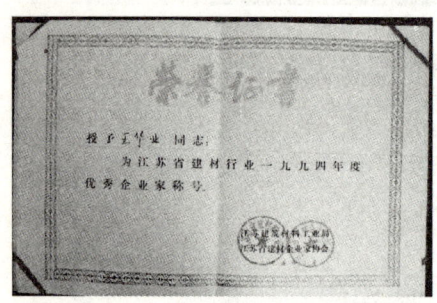
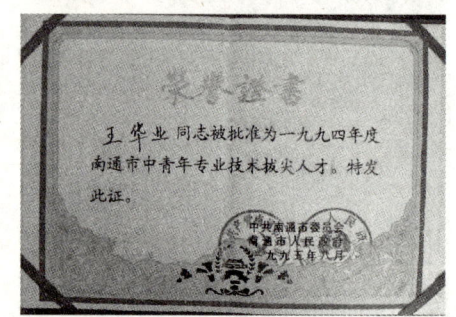
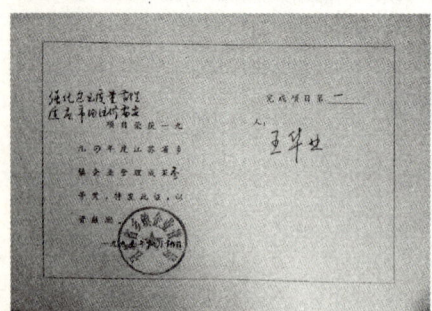
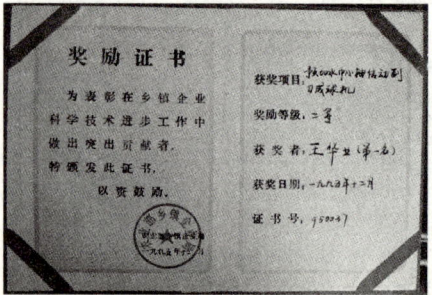

附1 王华业荣誉简表

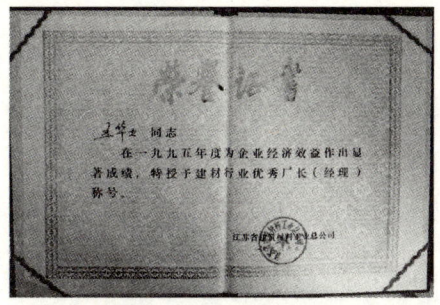

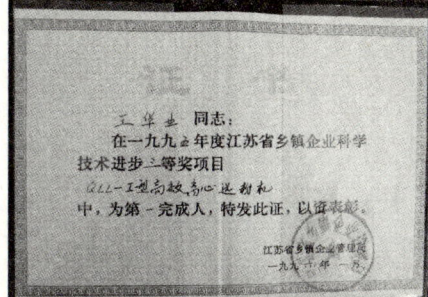
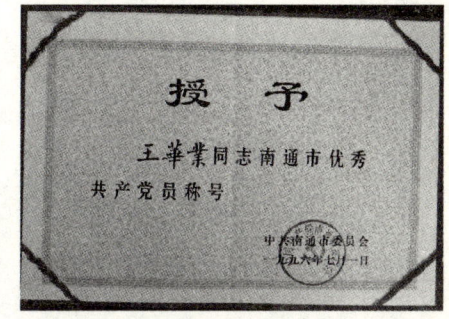
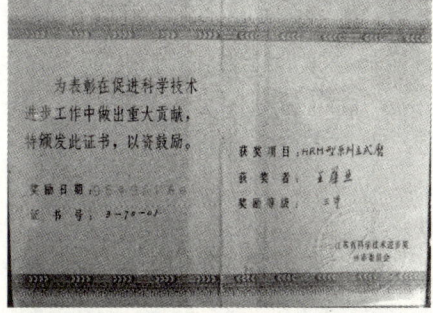
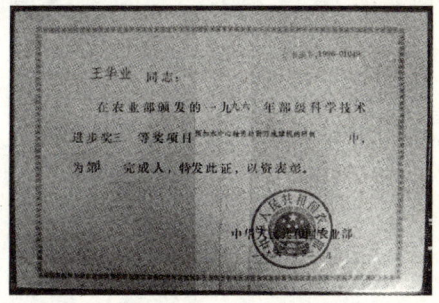
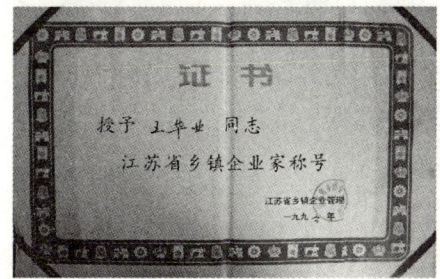

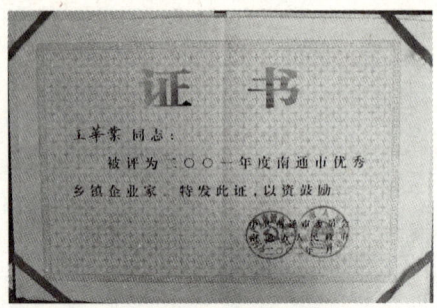
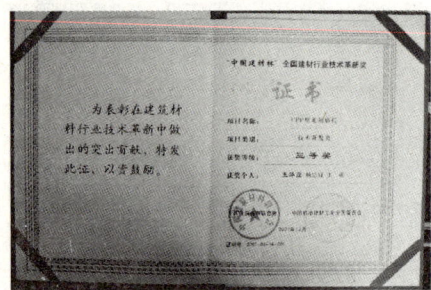
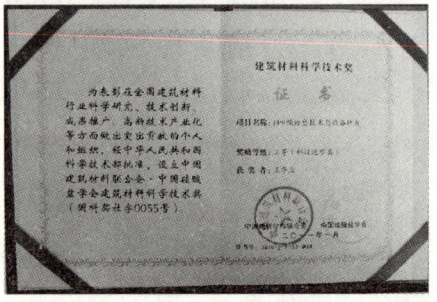
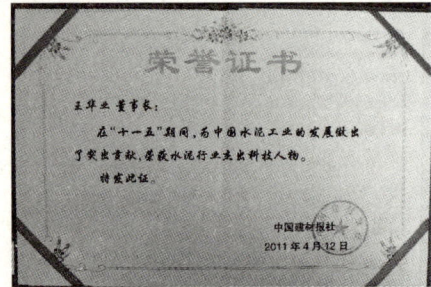

附2　王华业获得专利一览表

（按公告时间顺序）

时间	授权部门	专利名称	专利类别	证书号及专利号
1992.05.13	中华人民共和国专利局	成球机成球盘中心轴传动刮刀	实用新型	78465 ZL 91 2 13704.5
1994.07.26	中华人民共和国专利局	φ3m强通风阻力小笼式机立窑	实用新型	176251 ZL 93 2 05894.9
1994.08.10	中华人民共和国专利局	两支点回转窑	实用新型	182346 ZL 93 2 46324.X
1994.08.17	中华人民共和国专利局	机械传动塔式机械立窑	实用新型	182270 ZL 93 2 37901.4
1994.10.23	中华人民共和国专利局	中心进料多辊立磨	实用新型	188733 ZL 94 2 05065.7
1994.11.06	中华人民共和国专利局	一种改进型塔式机械立窑	实用新型	188395 ZL 94 2 26987.X
1999.09.25	中华人民共和国国家知识产权局	一种立式中碎磨	实用新型	348343 ZL 98 2 23007.9
2000.10.07	中华人民共和国国家知识产权局	螺旋锥搅拌均化器	实用新型	405886 ZL 99 2 16001.4
2001.03.22	中华人民共和国国家知识产权局	环保节能机立窑	实用新型	432346 ZL 00 2 41757.X
2007.10.24	中华人民共和国国家知识产权局	一种多点进料分布器	实用新型	964637 ZL 2006 2 0112622.4
2008.01.16	中华人民共和国国家知识产权局	一种筛分装置	实用新型	1008278 ZL 2006 2 0159146.1
2008.11.05	中华人民共和国国家知识产权局	预粉磨（多辊立式）	外观设计	847198 ZL 2006 3 0307572.0
2009.02.11	中华人民共和国国家知识产权局	上下双层刮板装置	实用新型	1176112 ZL 2008 2 0105586.8
2009.04.01	中华人民共和国国家知识产权局	磨内振打筛分装置	实用新型	1197312 ZL 2008 2 0112504.2
2009.12.09	中华人民共和国国家知识产权局	带槽蛋形研磨体	实用新型	1318759 ZL 2009 2 0007284.1

续表

时间	授权部门	专利名称	专利类别	证书号及专利号
2010.10.20	中华人民共和国国家知识产权局	旋转锥均化器	实用新型	1565630 ZL 2009 2 0351427.0
2011.02.09	中华人民共和国国家知识产权局	一种立式辊磨机的调节装置	实用新型	1689896 ZL 2010 2 0207017.1
2011.04.27	中华人民共和国国家知识产权局	不锈钢焊接筛网	实用新型	1768835 ZL 2010 2 0274494.X
2012.06.20	中华人民共和国国家知识产权局	一种FPP磨联合粉磨工艺流程	发明	974723 ZL 2009 1 0161842.4
2012.10.17	中华人民共和国国家知识产权局	传动承载机	实用新型	2465727 ZL 2011 2 0539775.8
2012.11.7	中华人民共和国国家知识产权局	立式磨磨辊加压装置	实用新型	2497382 ZL 2012 2 0045479.7
2012.11.7	中华人民共和国国家知识产权局	一种FPP磨终粉磨系统工艺流程	发明	1075167 ZL 2009 1 0161841.X
2013.01.23	中华人民共和国国家知识产权局	棱台扩散分级机	实用新型	2659575 ZL 2012 2 0243386.5

附2　王华业获得专利一览表

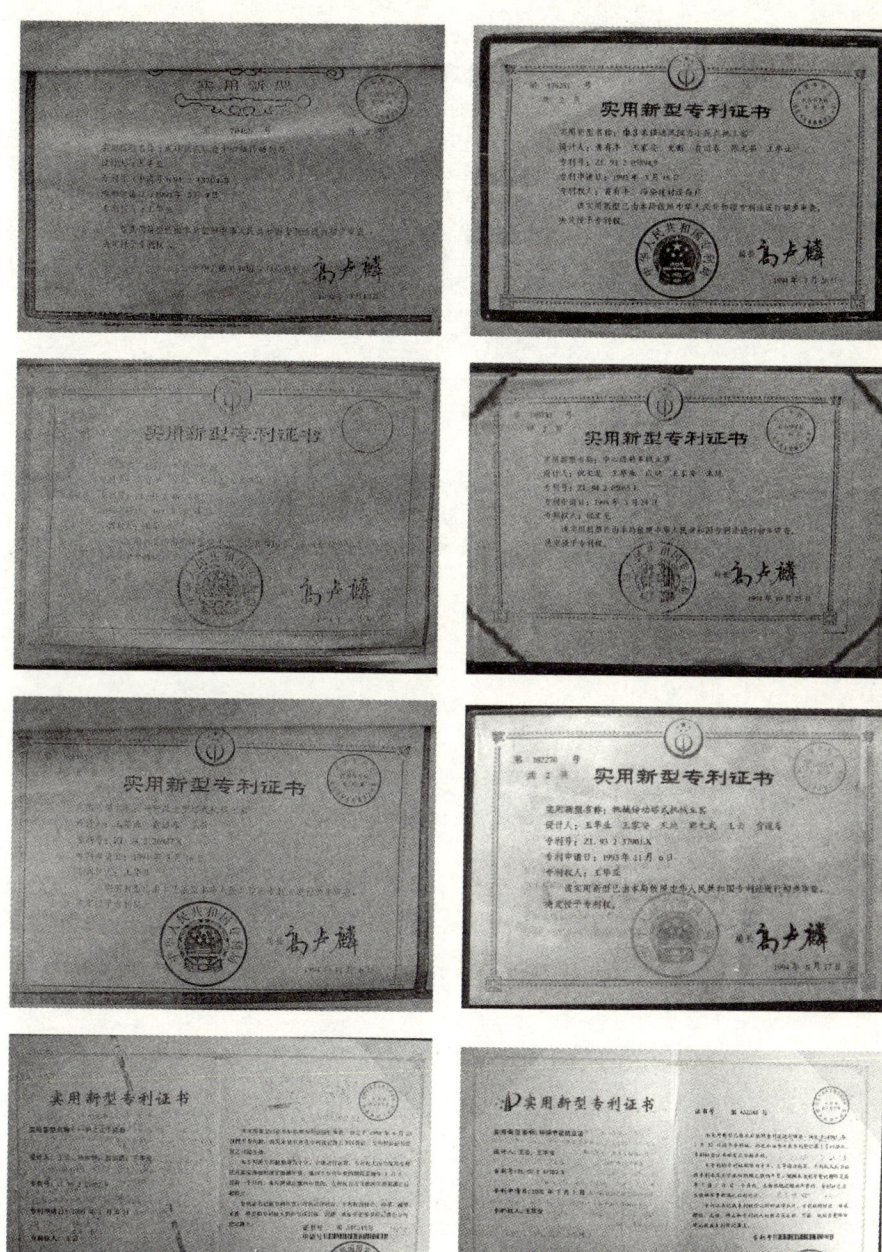

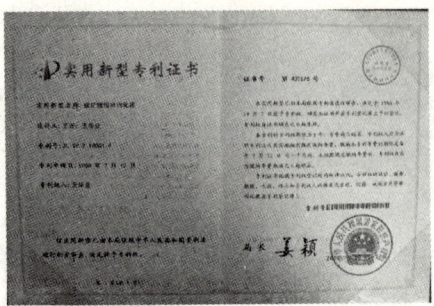

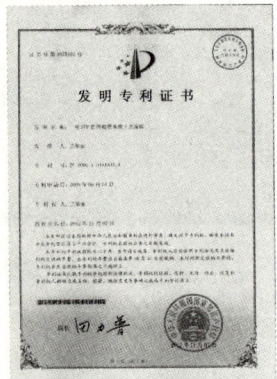
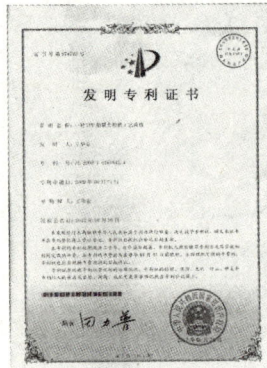
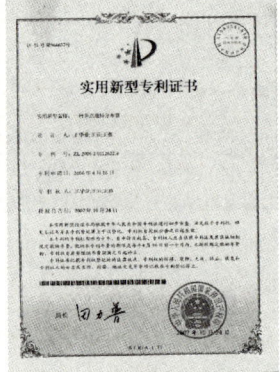

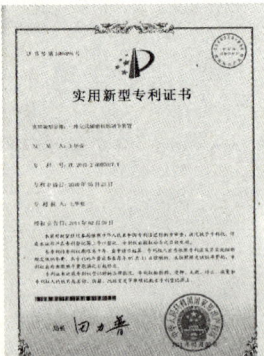
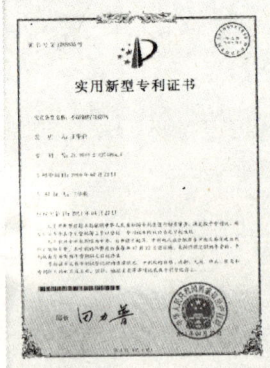
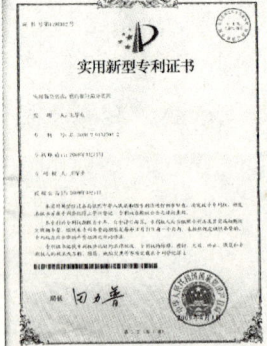

附2 王华业获得专利一览表

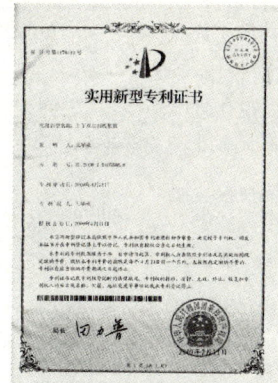
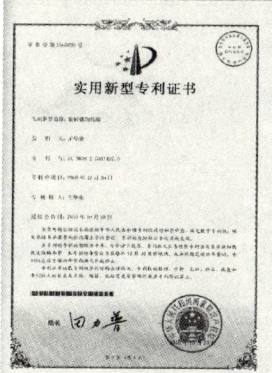
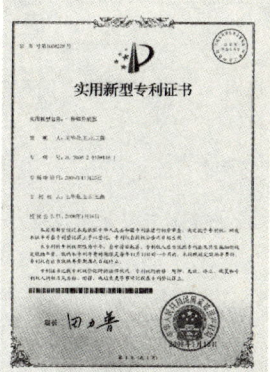
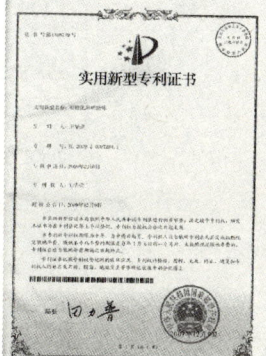
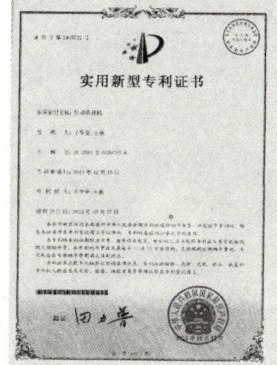
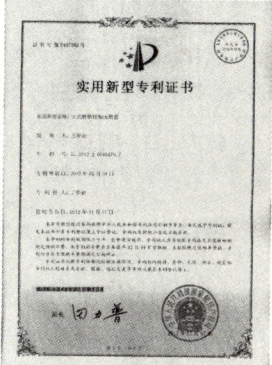
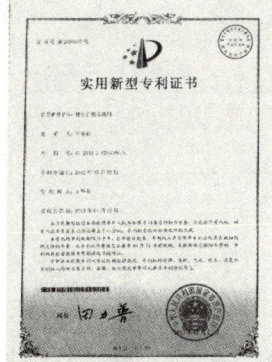
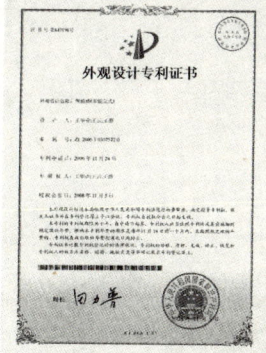

附3 王华业主要论文、著作目录

题目	书箱名称	出版单位	出版时间
水泥生产过程中的自动配料设备	《四川水泥》	四川水泥情报网 四川水泥设计院 四川水泥工业协会	1983.1
水泥熟料输送的理想设备	《四川水泥》	四川水泥情报网 四川水泥设计院 四川水泥工业协会	1986.4
转摆窑的设计与应用	《纪念文集》	江苏省建材设计院	1990.10
改造立窑增产降耗效益高	《水泥》	国家建材局水泥研究所	1991.1
机械立窑的安装	《机械立窑》	中国矿业大学出版社	1992
机械立窑的操作	《机械立窑》	中国矿业大学出版社	1992
节能减耗效益双赢——FPP型系列磨机优势分析	《科技与创新》	台海出版社	2008.5
造名优产品，树中华形象，博世界一流，誉五洲四海	《中外哲理名言》	中国文史出版社	2008.12
"FPP磨"水泥粉磨技术	《"十二五"中国水泥工业发展研究报告》技术篇	中国建材工业出版社	2011.1
FPP立磨在预粉磨系统中的应用	《水泥》	中国建筑材料联合会建筑材料工业技术情报研究所	2011.4
预粉磨的应用与发展	《中国水泥》	中国建筑材料联合会中国水泥协会 中国建材技术装备总公司	2011.7